ゼロからわかる
経済学の思考法

小島寛之

講談社現代新書
2178

まえがき

　本書はタイトルのとおり、いかなる予備知識も数学の知識も前提とせずに、ゼロから「経済学の思考法」を講義するものである。

　本書を書店で手に取っているあなたは、経済学に対して、ある種の感慨を持っておられることと思う。それはきっと、「経済学は小難しい」、そして、「ちっとも現実的ではない」、というものではないだろうか。ぼくは経済学者として、このような一般のかたの感慨に誠実に答えようと思っている。

　第一に、「経済学は小難しくはない」、そして、「経済学はとても面白い」ということ。

　第二に、「経済学が現実的ではない、というのはそのとおり」、でも「それには固有の理由がある」ということ。

　一言でまとめるなら、「経済学の等身大の姿を読者に伝えたい」、それが本書のテーマなのである。

「ゲーム理論」という新しい分野を生み出して経済学に革命を起こした数学者フォン・ノイマンは、かつて、

　　経済理論の普遍的な体系は現在まだ存在していないし、われわれの存命中に完成されることはまずあるまい

と言った。これは、経済学の近未来を予言したものと言っていい。実際、フォン・ノイマンが没してから50年以上が経過した今も、この予言は正しいままである。

テレビや新聞で、経済学があたかも堅固な真理性を備えたものであるかのようにうそぶく人がいるが、そんな言説に騙されてはいけない。彼らの知性はノイマンの足下にも及ばないことは明らかだ。ノイマンは、そうした人たちの虚構性に対して、

理論がまったく歯の立たないような経済改革や社会改革に、いわゆる《理論》なるものを適用しようとする有害無益な実践行為

と辛辣な表現で警句を述べている（詳しくは第5講参照のこと）。

ぼく自身、ノイマンの警句はそのとおりだと思う。経済学は、現在、経済現象に対する予言能力は備え持っていないし、現実の説明能力も乏しいと言わざるを得ない。ただし、それには経済学固有の事情がある。それは本書の中で包み隠さず解説している。

他方、ぼくは、ノイマン以降、経済学は人間行動の背後にあるロジックを解明する手法を確立しつつあると思っている。そして、それは知的にとても面白いも

のだと感じている。その面白さを、読者の皆さんに本書でお伝えしたい。

　大学で経済学を学んだ人も、社会人になってから教科書をひもといた人も、経済学に関して「役に立たない」感を持っておられるだろう。その印象を大幅に変えることは本書ではできない。

　けれども、多少改善することなら可能だと思っている。既存の教科書の解説は、あまりに古くさいうえ、数学的にも難しい。しかし、「経済学の思考」の本質はそういうものとは別のところにあるのである。もっと新しめの理論を使えば、もっと簡単に、もっと手に取るように、経済学の原理を理解することが可能になる。本書では、そういう解説に挑戦した。

　読了したあかつきには、皆さんは、経済学への印象をちょっとだけ前向きなものに変更できるだろう。そして、仕事の中でも、ほんのわずかにだけれど、役立てられるようになるだろう。

目　次

まえがき ───────────────── 3

開講の前に　経済学って何なんだ？ ── 9

経済学との最初の出会い／経営者として生の経済と触れる／人生最大級の衝撃！／経済学への期待と失望／現実解析の学問としては無力に近い／芽生えた疑念と解決策

第1講　経済活動にも法則性がある？ ── 25

運動の法則を求めて／経済学がなかなか進歩できない理由／経済の何を解明したいのか？／アダム・スミスの問題設定／「価値」と「価格」は違う／需要・供給の原理／「需要・供給の原理」の根拠はなに？／経済学の致命的な弱点／実験経済学のアプローチ／水が安くて、ダイヤモンドが高い理由／「欲望」と「嗜好」を式にする

第2講　モノを交換する意味 ────── 53

簡単なモデルで考える／お金を無視する／物々交換をシミュレートする／「好み」を数式化する／みんながハッピーになる状態／モデルのリアリティを高めていく／モノを交換することの意味／選好の理論は経済学の根幹／いろいろな

市場を物々交換で表現してみる

第3講　お金はなぜ必要か ―――― 83

物々交換には限界がある／欲望の二重の一致／「お金」の便利さ／海底の石貨／ハイパーインフレとデフレ／所得と金融資産／お金は必要から自然発生した／お金はどうしてお金と認められるのか／清滝-ライトの貨幣理論／均衡を導出するロジック／お金が流通する世界、しない世界／貨幣経済の問題

第4講　オークションが導く価格 ―――― 113

市場取引はなぜ必要か／オークションにはどんな種類があるか／市場経済とプライステイカー／市場の匿名性／内的評価とは、心の中での値踏み／内的評価とオークションの関係／供給曲線と需要曲線／需要と供給の一致で決めるとなぜハッピーか／均衡は本当に実現可能か／不況が起きるのは矛盾ではないのか

第5講　社会の協力を描写する ―――― 145

社会っていったい何だ？／ゲーム理論の誕生／ゲーム理論とは何か／協力ゲームとはどんなゲームか／協力ゲームを式で表現しよう／全体合理性と個人合理性／協力ゲームを解くとは／分業の利益／シャプレーの考えた解／限界貢献

に注目する／費用の共同負担をモデル化する／タクシーの相乗りではいくらずつ負担すべきか／バンドのギャラ配分を決める／飛行場の費用負担

第6講　グループの離反をふせぐ方法 ── 177

集団には離反がつきもの／個人合理性を拡張する／投票行動を協力ゲームに仕立てる／投票ゲームにはコアが存在しない／拒否権のある投票ゲーム／生臭い問題を解くために／合コンのカップル成立の望ましいあり方／ゲール－シャプレーのアルゴリズム／実社会への応用例

第7講　「社会の協力」から 「需要・供給の原理」へ ── 199

協力ゲームと市場／商談を協力ゲームに仕立てる／売買ゲームの解／買い手が2人になったら？／買い手が多いと売り手が有利になる／2人の売り手と2人の買い手の場合は？／売り手も買い手も2人ずつの場合のコア／「一物一価の法則」の証明／片方が取引できないケース／需要と供給を協力ゲームで読みとく

長いあとがき　経済学はどんな未来を見つめているか ── 232

参考文献 ──────────── 240

開講の前に
経済学って何なんだ？

経済学との最初の出会い

　本書は、経済学、中でもミクロ経済学の基本中の基本を解説する本だ。しかし、既存の教科書や入門書とは大きく異なるアプローチをしている。なぜそうなっているのか。それは、ぼくの経済学との出会いや経済学者としての現在のありようと大きく関係する。学問分野の解説本では普通、書き手の経験や来歴は、あとがきに書くものであって決して導入部で開陳するものではない。しかし、本書では、わざとその禁を破ろうと思う。なぜなら、それがないと、この本で何をしようとしているのかが読者になかなか伝わらず、読者が途中で迷子になってしまう心配があるからである。

　ぼくが経済学らしきものと最初に出会ったのは、高校の政治・経済の教科書だったと思う。たしかに、政治・経済の教科書には、世の中の経済の仕組みが丁寧に説明されていた。人々の生活が、生産と消費によって営まれていること。消費するモノは、市場で価格を付けて売り買いしていること。市場で付く価格は、需要と供給のつりあい（需要曲線と供給曲線の交点）から決まること等々。

　今もそうかな、と疑問になって、2012年度の政治・経済の教科書を2種類取り寄せてみた。経済の部分だけ眺めているが、ぼくが教わった頃とあまり変わっていない印象がある。「市場のはたらき」という項

目に、需要曲線と供給曲線のことが載っている。しかし、本文ではなく欄外の記載だ。これらの曲線が何を意味しているかは、通り一遍に説明されてはいるが、これでは高校生にはなんだかさっぱりわからないだろう。ぼくも高校生のときはそうだった。

　そもそも高校生は、ほとんど生産に携わったことがない。アルバイトも少しはするだろうが、それも家の手伝いの延長程度であり、経済活動と呼べるものではない。また、消費についても、おこづかいの範囲内のことであり、たいていの生活必需品は家庭から得ているから、モノの売買というダイナミズムが理解できようはずはない。

　ぼくも、高校生で経済を教わったときは、まるで別世界の絵空事を聞かされているような気分だった。これは、歴史の教科書への印象とまったく同じだった。自分とは無縁の遠い世界のことを、単なる「暗記すべき知識」としてインプットされているにすぎない、と感じたものだった。

　中でもとりわけ意味不明だったのが、「需要・供給の原理」である。

　需要曲線とは消費者の価格に対応する購買予定量を表すもので、供給曲線とは生産者の価格に対応する販売予定量を表すもの。その二つの曲線の交点が与える価格と取引量に、実際の価格と取引量が決定される、と教わった。

　ぼくは理系だったので、二つの曲線の交点で何かが

決まる、ということ自体には、何の難しさも感じなかった。数学でも物理でもよく出てくるからだ。しかし、「需要・供給の原理」に対しては、「いったい、それがどうした？」という感が否めなかった。そもそも、購買予定量とはなんだ、販売予定量とはなんだ。そんなものを自分が持っているとは自覚できなかった。また、自分がふだん接している親や教師がそれを持っているようにも思えない。大人たちは、習慣的な決まった暮らし向きをしているにすぎず、需要曲線や供給曲線に沿って活動する存在には思えなかったのだ。

それは物理学のように、実験によって法則を検証してくれないことにも原因があった。現実の需要曲線や供給曲線を見ることなく、その存在を信じることは無理だと感じていた。社会科の教師がもっと具体的な事例からフォローしてくれれば、もう少し現実感を持てたかもしれない。しかし、教師は、「そういうものだ、覚えろ」という感じで授業をしただけだったから、説得力がなかった。それでぼくは、「需要・供給の原理」など、机上の空論にすぎないとして、自分にとって切実な知識とは受け取らなかった。

経営者として生の経済と触れる

大学では理学部数学科に進んだため、経済学は一般教養の講義を履修したにすぎない。面白いとも思わなかったし、何を教わったかも今ではすっかり忘れてし

まった。

　数学科を卒業した後は、数学科の先輩が立ち上げた塾で働いた。完全に自前の塾だったので、教科書も手作りだった。中学部の主任となり、中学3年分の数学の教科書をすべて1人で作った。中高生を教えながら、取締役の1人として、会社経営にも携わった。このとき人生で初めて、モロに「生(なま)の経済」の荒波と向き合うことになったのである。

　当時は、バブル景気で、お客さんがわんさか押し寄せた。教室の拡張のため、次々とビルの賃貸契約を結んだ。広告も打ったし、求人もした。億の単位でぐんぐん貯まる利潤を、土地や株に投資すべきかどうかも役員間で熱心に議論した。

　これらの実際のビジネスでは、高校で習った政治・経済の知識も大学の一般教養で習った経済学の知識もぜんぜん役に立たなかった。

　まず、供給曲線を意識して経営を行ってなどいなかった。とにかく、お客さんがいれば、教室を開講する。いなくなれば撤退する、の繰り返しだった。受講料は、他塾の相場を真似て付ければ、問題なかった。また、お客さんのほうも、需要曲線での価格に応じた購買行動をしているようには思えなかった。評判のいい塾を探しては、乗り換えているだけのように見えた。

　ところが、面白いことに、ぼくにとっての経済学という学問の必要性は逆に大きくなった。ビジネスにま

つわる具体的な疑問がたくさん生じ、それを考えるための方法論が欲しくなったのである。

お客さんたちの強い需要は、本物か一過性か。このような強い需要がある場合、供給を増やすべきなのか、価格を上げるべきなのか。雇っている人々の賃金スキームをどのように設計すれば、彼らは満足して最大限の努力で働いてくれるのか。会社経営はこのまま特化すべきか、多角経営化すべきか……。

ところが、少なくともそれまでに教わった経済学では、これらを考える手がかりがまったくなかったのだ。

人生最大級の衝撃！

そんな中で、ふとしたきっかけでぼくは本物の経済学と出会うこととなる。市民講座のゼミナールで経済学者・宇沢弘文先生の教えを受けたのだ。もっとも、その講座を受講したのは、経済学の必要性を感じていたせいもあったのだが、不純な動機もあった。宇沢先生の息子さんが数学科の同期だった関係で、当時から先生の名声は耳にしており、野次馬的な興味があったのも大きかった。

そんな軽い気持ちで参加した宇沢先生の講義で、人生最大級の衝撃を受けた。それは経済学に対するこれまでの印象を覆すのに十分なものだった。

宇沢先生は、数学科の出身だ。だから、先生の講義は理系的な雰囲気を持っていたので、ぼくには共感を

持ちやすかった。

　先生は、終戦直後に数学科の研究員のポストにいたが、混乱する日本の中で自分の身の置き方に疑問を持ち、数学を捨てて経済学の研究に向かった。アメリカに渡って経済学を研究し始めたとき、当初は、高度で純粋数学的な経済学（ミクロ経済学）で業績をあげた。その後、国家規模の経済変動を解明する経済学（マクロ経済学）の分野に移り、そこでも大きな業績をあげている。

　しかし、アメリカがベトナム戦争に突入すると同時に、そのような数学的な手法で経済学を構築することへの自責の念が強くなり、先生はアメリカでのポストを捨てて帰国する決意をした。帰国後の先生は、それまでの経済学の数学的な手法から脱皮し、主に日常言語によって経済学的な主張を行う「制度学派」の方法論に転換していくことになった。ぼくが宇沢先生の講義を受けたのは、このような転換が完了した後のことである。

　ぼくは、宇沢先生の講義に大きなカルチャーショックを受けた。制度学派は、人間の営みを社会の制度や仕組みや歴史的な成立過程から考察する。例えば、司法も立法も金融もみな「社会的な装置」と見なすのである。こうすると環境の問題も、人権の問題も、文化の問題も、貧困の問題も、すべて経済学の文脈で考えることができる。これはぼくには大きな驚きだった。それは、高校生のときに持った経済学の印象とも、ま

た経営者のときに持った疑問とも違った感覚だった。

　先生は、総じて伝統的な経済学の方法論に批判的だった。ミクロ経済学が、数学的方法論に固執することは、形而上的で荒唐無稽だと考えておられるようだった。また、マクロ経済学は、ケインズの理論によって新しいパラダイムを構築し、20世紀前半の大恐慌という危機を乗りこえたものの、20世紀後半に再び起き始めた経済の不安定さには効力を示せなくなった、と考えておられた。そして、伝統的な経済学がはまり込んでいる閉塞感から脱出するための新しい方法論として、「社会的共通資本の理論」という制度学派としての新しい枠組みの必要性を切実に訴えておられた。

　ぼくは、宇沢先生が経済社会のあるべき姿を模索するために真摯に取り組んでおられる姿勢に感動し、経済学をもっときちんと、もっと本格的に勉強したい、という強い欲求を持つようになった。その思いがあまって、社会人のまま、東大経済学部の大学院を受験したのである。

経済学への期待と失望

　東大経済学部の大学院は、他学部からの入学者や社会人にも対応できるようにするため、コースワークという形で、初歩からきちんと講義するアメリカ方式の教育システムを取り入れていた。そのため、専門の経済学の教育を受けたことがまったくないぼくにも、十分に理解できた。多くの講義は、非常にわかりやす

く、またみごとに構築されていた。

　それらの一連の講義を受講してわかったことで、最も重要なことは、「経済学は完全無欠に数学そのものだ」ということだ。これは、高校で教わったときとも、大学の一般教養のときとも印象が異なっていた。そして、宇沢先生が批判していた経済学の姿そのものだった。

　講義を受けながら、二つの相反する心境の変化がもたらされた。

　第一の心境の変化は、「数学としての経済学はとてつもなく面白いと感じるようになった」というもの。

　第二の心境の変化は、「経済学の現実説明能力はがっかりするほど乏しいと実感するようになった」というもの。

　大学院で教わったミクロ経済学は、主に集合の理論をバックボーンにしており、順序集合、位相空間、高次元の微分などを駆使する高度に抽象的な数学だった。また、マクロ経済学のほうも、微分方程式、変分法、確率過程などを縦横無尽に扱う数学だった（これらの数学用語は、本書を読むうえでは不要なので、気にしなくてよい）。

　これらの数学は、数学科で挫折を経験したぼくに、再生の息吹を吹き込んでくれるに十分なものだった。数学科に在籍していたときの数学は、ひどく抽象的で、それらが何を目的にし、どんな意味を持っているのかまったくわからず、ただただ苦痛だけを味わっ

た。勉強を進める意欲がなくなり、挫折を余儀なくされた。

ところが、経済学と出会うことによって、数学に対する瑞々(みずみず)しい興味を取り戻すことができた。なぜなら、抽象的なだけに見えた数学の道具たちが人間の「欲望」「思惑」「恐れ」といった内面を描写するために活かされることで、数学がイメージ豊かなわくわくする分野に戻ったからだった。

その一方で、経済学のほうは、期待したものとはずいぶん違っていることが明らかになった。大学院に入学する以前は、経済学の理論がリアルな経済を精緻(せいち)に解明できるものと思い込んでいた。宇沢先生は数学的な方法に批判的であったが、それは先生の主張したいこと（人権的な問題）が数学と不調和だからであって、経済学が数学によって現実を解明すること自体は、きっとある程度はできるのだろう、と漠然と考えていた。それは、物理学に匹敵する「理論によって結果を予言できる」方法論に近いものに違いない、と。しかし、経済学の現実の姿は、そういう「予言的な」方法論ではまったくなかったのだ。

大学院のある講義の終了時のアンケートに、ぼくはこんなふうに感想を書いた。

「講義自体は、非常に明晰で、とてもわかりやすいものでした。しかし、ここで教わったことは、いったい現実の経済とどういう関係があるのか、それがさっぱりわかりませんでした」

今思えば、みごとな講義を展開した教員に対して非常に失礼なことを書いたと思う。しかし、それは正直な感想だった。若い大学院生たちは、講義を消化するのに一杯一杯で、そのような疑念を持つ余裕などないように見えた。しかし、ぼくは社会人として働く時間を犠牲にしてまで経済学を勉強しにきていた。それが学ぶに値しないものなら、いつでもドロップアウトする覚悟でいた。だから、このような疑問は非常に切実な問題だったのだ。

現実解析の学問としては無力に近い
　大学院を卒業した後、大学で経済学を教えるとともに、研究者としても論文を書くようになった。宇沢先生の経済学に魅せられてこの道に入ったが、先生のような方法で経済学にアプローチする道は選ばなかった。社会観の点でも人間的な洞察力の点でも先生に比べてずっと未熟で非力だと感じたからだ。要するに、制度学派的なアプローチには向いていないことを自覚したのである。
　他方、伝統的なミクロ経済学にはある程度の適性があった。数学的なモデルを精緻に操作することが、面白くこそあれ、まったく苦痛でなかったからだ。学生時代からずっと、数学と接し暮らしてきたことが、今になって活かされたのである。
　その一方で、このような数学的な方法で構築する経済学の形而上性、もっというなら荒唐無稽さに対して

は、歯がゆさ・面はゆさを払拭できなかった。

　経済学は、現実解析の学問としては、まだ完成からはほど遠い状態であり、社会設計や政策選択の科学としては無力にも近い状態だ。世の中には、経済学的な主張をあたかも「科学的真実」かのように堂々と語る経済学者も多いが、きっとそういう人たちは、ある種の社会的な立場からうそぶいているか、あるいは、物理学を勉強したことがないせいで「科学的真実」とは何であるかがまったくわかっていないのであろう。

芽生えた疑念と解決策
　大学院を卒業後、大学でミクロ経済学を教えることとなった。

　最初のうちは、ミクロ経済学の教科書に共通の教え方を踏襲していた。ミクロ経済学の教科書というのは、判で押したように同じ書き方をしている。家計の行動については、二つの商品に対する選好の無差別曲線を使って、需要曲線を導く。また、企業の行動については、利潤が最大になる生産量を、限界費用の曲線を使って表し、それから供給曲線を導く。

　これを数年教えるうち、このような教え方に大きな疑念を抱くようになった。この教え方は、無駄に難しいだけでなく、学生にとって将来、何の役にも立たないのではないか……。

　まず、このような経済学はあまりに古くさい。この方法で経済活動を分析したのは、19世紀終わりから

20世紀初めにかけてのことで、100年も前の話だ。もちろんこれが物理学でいうニュートン力学のようなすべての基礎になっているものなら、古くても避けては通れないだろう。しかし、いま述べたような経済学は、単に当時そういう方法で分析した、というだけで、基本でもなければ不可欠でもない。

　また、新しい経済学の考え方が、これよりずっと難しくなるなら、古くてもこう教えるしかないだろう。でも、実際は逆なのだ。20世紀後半に開発された分析方法の中には、こんな古くさい理論よりずっとわかりやすく、イメージしやすいものがたくさんある。

　そして何より、この古くさい方法で教わった学生たちは、社会に出てビジネスパーソンになったとき、経済学の考え方をビジネスに活かすことができないだろう。経済学部出身の社会人で、仕事中に一度でも、学部で4年間教わった経済学が頭に浮かんだことのある人はどのくらいいるだろうか。

　そんな疑念をぬぐい去れなくなったぼくは、独自にミクロ経済学の教え方を考え始めた。教育方法に関するこのような改革欲は、塾講師時代に培われた本能みたいなものである。

　幸い経済学を研究する中で、いくつもの新しい理論的な枠組みに触れていた。その中には、セットアップだけを取り出すなら、非常にわかりやすくイメージしやすいものがいくつかあった。とりわけ、20世紀の中頃以降に開発されたゲーム理論やサーチ理論やマー

ケットデザインの理論は、材料の宝庫と言ってよかった。これらの分野に共通するのは、「経済活動をする人たちの動機が透けて見える」ように組み立てられている、ということにあるからだ。「動機が透けて見える」ことを学んだ学生は、きっと、社会に出てそれを役立てることができるに違いない、そう直観した。

やがて、このようないくつかの素材を組み合わせることで、従来とはまったく異なる方法でミクロ経済学を教えるようになった。それは、ぼくの経済学に対する数学的な関心と、経済学が現実解析の学問であるべきこととの妥協点を模索するものであった。

目標としたのは、次のことである。

（1）経済活動をする人たちの心の中が手に取るように見えるようにする。
（2）市場とはいったい何をしているところかが、具体的にわかるようにする。
（3）市場取引がどんなふうにうまくできていて、しかし、どうなると危ういのかがわかるようにする。
（4）需要曲線と供給曲線の交点としての均衡が、何を意味しているのかが具体的に伝わるようにする。
（5）ミクロ経済学が、現実の経済をどのように簡易的にシミュレートしているのかが、透けて見えるようにする。

（6）いたずらに数学的な枠組みを追求しすぎない。

　以下、第1講から第7講で展開するのは、このような目標を持ったミクロ経済学の講義の枠組みである。そして、それは、ぼくが経済学に抱いている二つの相反する感情（期待感と非現実感）を正直に反映し、なんとか調和をはかる営みとなっていると思う。
　というわけで、次の第1講から読者の皆さんも「経済学の思考」に導こう。

第1講
経済活動にも法則性がある？

運動の法則を求めて

　私たちの生活全般を、経済、と呼ぶ。

　モノを売ったり買ったりすること、製品を作ること、機械や設備を作ること、働くこと、貯金をすること、学校に通うこと、テレビを観ること、インターネットを使うこと、馬券や宝くじを買うこと、保険に加入すること……。これらはみんな、経済活動の一部である。

　数え切れないほどの人々が、ものすごくたくさんの商品やサービスを利用し、それにまつわる複雑な活動を日々行っている。このような人間の営みを一種の「運動」として捉えたとき、その「運動」にはなにか法則性があるのだろうか？

　人類は、「物質の運動」については、かなり早い時期から法則性を見いだしてきた。物理学や化学などがその成果である。

　紀元前から、人類は物理や化学の成果を活かして、鉄の道具を作ったり、建物を建築したり、乗り物を作ったりしてきた。とりわけ、16世紀の天文学者ケプラーが天体の運動法則を発見し、それを17世紀の数学者ニュートンが方程式にまとめあげたことで、力学と呼ばれる物質の運動法則が完成した。また、その土台の上に、熱現象、電磁気現象、そしてミクロ粒子の運動法則が構築されていった。

　経済活動の運動法則を、物理学と類似した形で解明

しようと試みるのが経済学である。とはいえ、経済学は、物理学や化学の発展と比べて非常に遅れており、まだ研究に手が付いたばかりと言っても過言ではない。

経済学がなかなか進歩できない理由

経済活動の運動法則の解明が、物質に対するそれに比べて芳しくないのは、おおまかに二つの理由がある。

第一の理由は、経済に関しては実験がままならない、ということだ。物理学や化学では、提唱された理論の正しさは実験によって確認される。同じ実験環境を再現して、同じ結果が生じるかどうかを見ることが誰にでも可能なのである。

しかし、経済の営みは原則的に歴史上一回しか起きないことばかりだ。ぴったり同じ環境を再現することはとうてい不可能である。さらには、実験が人道的に許されない場合もあるだろう。いくらその原理が知りたくても、不況や飢饉など人々を不幸にするような経済環境を故意に政策で作り出すことは許されない。この点で経済学は、物理学や化学に比べて著しく不利である。

第二の理由は、物質は観測者の意志によって行動を変えないが、人間は行動を変える、ということだ。物質は、観測者が何かの作為を行うとき、「なぜ、そんなことをするのだろう」などという詮索はしない。し

たがって、（量子力学の一部などの例外を除けば）観測者の意志や意図が与える影響はほとんど考慮する必要はない。

しかし、人間の経済行動を人間が観測しようとする場合、観測される側はする側の意図を推察し、それを勘定に入れて行動を変化させることがある。このような行動様式を「戦略的」という。人間は戦略的に行動するので、観測者の意志がばかにならない影響を与えてしまうのだ。例えば、巨額の損失で破綻が噂される銀行に、査察が入ったとしたら、その査察が入ったという事実によって、その銀行の株の持ち主たちは不安を抱き、株を売ろうとするだろう。こうなると、破綻は噂ではなく現実になってしまう。

このように、経済活動では、観測する側と観測される側は相互浸透をし、渾然一体となってしまうので、見いだせる運動法則はきわめて不安定なものになってしまうのである。

以上のようなことから、経済学はまだ物理学や化学ほど満足のいく応用性に富んだ成果を得ていない。本書は、このような経済の法則解明の難しさを前提とする。これを認めたうえで、経済学がどんなアプローチをしているか、その初歩を解説したい。

経済の何を解明したいのか？

それでは、経済活動の何を解明したいのだろうか。

一番の問題は、価格のことだろう。つまり、「モノ

の価格はどう決まるのか」ということ。

　私たちは、毎日、モノを買ったり売ったりしている。そうして売ったり買ったりしているモノには、価格が付いている。その価格はいったい誰がどのように決めているのだろうか。

　ぼくはかなり長い間、モノの価格は「はじめから決まっている」ように思っていた。だから、疑問に思ったことさえなかった。しかし、よくよく考えれば、誰かが何らかの方法で決めているのは間違いない。その決められ方がでたらめでないなら、何らかの法則があることになる。その法則はいったい何だろう。これこそまさに、経済学にとって、古典的でありかつ基本的な問題なのだ。

　次に考える必要があるのは、分配の問題である。経済というのは、細かいプロセスを省略すれば、要するに、「みんなで生産したモノをみんなで分け合うシステム」だ。だとすれば、結局のところ、人々はどういう基準に従って生産物を分配しあっているのだろうか。そのような分配の仕方は人々にとって公平なのであろうか。また、人々を幸福にしているのであろうか。これは、経済学が解くべき最重要の課題と言っていい。

　いつもニュースで話題にされている、外国との貿易の問題も分配の問題の一種である。貿易は、自国で生産したモノを外国に輸出し、外国で生産されたモノを輸入することだ。つきつめて言えば、貿易とは、多数

の国で生産したモノをそれらの国の間で分配しあうことである。こういうふうに見れば、貿易も国内で行われている分配の単なる国際版にすぎないわけだ。けれども、貿易はいつも国家間の摩擦の原因となっている。例えば、過去に、日本の自動車の輸出が多すぎると米国にクレームをつけられたことがあった。日本の自動車会社が自主規制して、輸出量を制限したりした。経済学を勉強する前だった筆者は、そのニュースを見て、頭の中が疑問でいっぱいになったことを覚えている。

モノの国際価格がどんな仕組みで決定され、輸出量と輸入量がどう決まるかは、経済学の発端となった問題であった。そして、これは今でも重要な問題である。例えば、ここ数年の日本はTPP問題でもめている。TPP（環太平洋戦略的経済連携協定）とは、太平洋を取り巻くいくつかの国の間で貿易を自由化しよう、という協定だ。参加によって利益がある、と主張する論者も、逆の論者もおり、激しい議論がかわされている。

もう一つ、経済学が創始から現在に至るまで解明を望んでいるのは、「お金」の働きであろう。「お金」とはいったい何だろうか。どんな性質を持っているのだろうか。「お金」は、空気のように当たり前な存在なので、私たちは普段は深く考えることがない。けれども、「お金」が空気と同じくらい、重要な働きをしているに違いないことは想像がつく。「お金」のメカニ

ズムの解明は、経済活動の運動法則を掌握するためには不可欠なのである。

アダム・スミスの問題設定

　経済学という学問を生み出したのは、アダム・スミスという人だと言われている。スミスは、18世紀のスコットランドの社会学者で、その著作『国富論』(1776年) が経済学という学問を生み出した本と評価されている。

『国富論』は、経済活動の法則に対して、多くの問題を設定し、かつそれに答えている。今読んでも、多くの示唆を得られる優れた研究だ。

　実は、ぼくがこの本を読んだのは、大学で経済学を教えるようになってからである。大学院に在籍しているときは、必要がなかった。最も新しい理論を勉強すれば、古い理論の議論や結論は、そこに含まれているからだ。しかし、学部生を教える際には、昔の経済学者が何を標的に経済学を作り上げ、それが現在の理論とどうつながっているかを明らかにするほうが、より理論に親近感とリアリティを持てるのではないかと思い、『国富論』をひもといたのである。

　読んでみたら、非常に新鮮で、また、とても勉強になった。現代の経済学の立場から見ても、十分に高度で重要な問題設定がふんだんに入っていたからだ。

　例えば、ほぼ冒頭にこんなことを書いている。

分業の結果、どの産業でも生産量が増加している。政府がしっかりしている社会で国民の最下層まで豊かさがいきわたるのはこのためだ。(山岡洋一訳、以下同)

　まず、ここに重要なことが書かれている。経済を発展させるのは「分業」だということである。これは、『国富論』を語るとき、必ず引き合いに出される文言である。さらにこう続いていく。

　人はみな、自分が必要とする以上に大量のものを生産していて、処分できるようになっている。そして、他人もみな、同じ状態になっているので、自分が生産した大量のものを、他人が生産した大量のものと交換できる。つまり、他人の生産物を大量に買える価格で売却できる。人はみな、他人が必要とするものを大量に供給でき、自分が必要とするものを大量に供給されるので、社会のすべての層に豊かさがいきわたっていく。

　つまり、経済というものは結局は「富の分配」であると明確に言っている。
　ここで見逃してならないのは、この中に「価格」という言葉が導入されていることだ。スミスは、社会が単に富を手渡しで分配するのではなく、価格を付けた「売り買い」を通じて分配する、ということを強く意識している。価格によるモノの売買を行う場所が、「市場」と呼ばれる。スミスは、市場における価格を

仲立ちにした取引について、以下のように言っている。

　もっとも、各人が社会全体の利益のために努力しようと考えているわけではないし、自分の努力がどれほど社会のためになっているかを知っているわけでもない。外国の労働よりも自国の労働を支えるのを選ぶのは、自分が安全に利益をあげられるようにするためにすぎない。生産物の価値がもっとも高くなるように労働を振り向けるのは、自分の利益を増やすことを意図しているからにすぎない。

　これは、その後のミクロ経済学を方向付けたと言っていいほど、非常に重要な主張だった。注目すべきことは、各人が自分の利益を増やそうと考えることが、結果として社会を富ませる、という逆説的なことを述べている点だ。社会を豊かにするための善意に期待する必要がない、というのである。これは驚くべき考え方だった。とりわけ、キリスト教的な利他性を尊ぶ社会においては、挑戦的であったとさえ言える。
　次の一節が、『国富論』の中で最も有名な文言を含む場所である。

　だがそれによって、その他の多くの場合と同じように、見えざる手に導かれて、自分がまったく意図していなかった目的を達成する動きを促進することになる。そ

して、この目的を各人がまったく意図していないのは、社会にとって悪いことだとはかぎらない。自分の利益を追求する方が、実際にそう意図している場合よりも効率的に、社会の利益を高められることが多いからだ。

ここに有名な「見えざる手」という言葉が登場する。これは、誰一人として意図しなくとも、自律的に社会が最適な状態に調整される、ということを意味する言葉であり、市場システムというものを、ある種の「自動調整システム」として見なしている、ということなのである。

このような発想からスミスは、必然的に、その自動調整機能の主役である「価格」について、それが何であり、どう決まるか、という問題を解こうと試みることになる。

「価値」と「価格」は違う

このときスミスが悩んだのは、「価値」と「価格」との区別だ。

あらゆる商品は、人間にとって「価値」がある。つまり、生活に「役立つ」。スミスは、この生活に役立つ度合いとしての「価値」を決めるのは「労働の投入量」だと考えていた。たくさんの労働が投入されたモノ（作るのに手がかかったモノ）は価値が高く、そうでないモノは価値が低いと考えたのである。

一方、モノには別の価値もある。それと交換にどの

程度の他のモノが得られるか、という価値である。普通、これを「価格」という。価格の高いモノは、それと交換に多くのモノを得ることができる。

　スミスは、前者を「使用価値」、後者を「交換価値」と呼んで区別した。以下のごとくである。

　　この「価値」という言葉に二つの意味があることに注意すべきだ。ときにはあるものがどこまで役立つか（どこまで効用があるか）を意味し、ときにはあるものを持っていることで他のものをどれだけ買えるかを意味する。この二つを「使用価値」と「交換価値」と呼ぶこともできる。

　すなわち、役立つ度合いが使用価値で、付いている市場価格が交換価値だというわけだ。そのうえで、なぜ「使用価値」と「交換価値」は一般には一致しないか、ということを次のように問題とした。

　　使用価値がきわめて高いが、交換価値はほとんどないものも少なくない。逆に、交換価値がきわめて高いが、使用価値がほとんどないものも少なくない。水ほど役立つものはないが、水と交換して得られるものはほとんどない。これに対してダイヤモンドは、ほとんど何の役にも立たないが、それと交換してきわめて大量のものを得られることが多い。

水とダイヤモンドに関するスミスのこの問いかけは、その後の経済学の発展に非常に大きな貢献をしたと言っても過言ではない。この問題を解くことが、経済学の第一の標的となったのである。そして、これに対して、満足できる解答を与えることができたのは、ほぼ100年後の19世紀の終わりであった。

　スミスは、引き続いて、「価値」に対する問題設定をまとめる。

　商品の交換価値を決める原理を探るために、以下の点を明らかにしていきたい。
　第一に、交換価値の真の尺度は何なのか、そして、商品の真の価格とは何なのかである。
　第二に、真の価格を構成する要素は何なのかである。
　第三に最後の点として、価格の各要素の一部または全部を、自然で通常の水準より上昇させたり下落させたりする状況はどのようなものかである。言い換えれば、商品の実際の価格である市場価格が、自然価格と呼べるものに一致するのを妨げる要因は何なのかである。

　一読すればわかるように、すでに述べた経済学の問題設定が、このスミスの一節の中にすべて現れている。
　スミスは、交換価値のことを考えるために、必然的に「お金」の働きに注目している。『国富論』では1章分のページをさいて、「通貨の起源と利用」につい

て論じている。そして、交換価値のものさしである通貨の価値さえも、情勢に応じて変化すること、すなわち、通貨の価値自体も伸縮することを述べている。このことは、お金が紙幣ではなく、ゴールドやシルバーであったスミスの時代には、実感しやすいことであったろう。採掘や貿易などで、ゴールドやシルバーの量が変化し、その交換価値が揺れ動くことが手に取るようにわかったのだと思う。これは、現代人が、紙幣の交換価値というものを直観的に理解できないことと好対照をなしている。スミスは、このように、ゴールドやシルバーなどの通貨としての性質の解明を試みたのであった。

スミスが、経済活動の成り立ち（分業）、生産物の分配（市場取引）、それをつかさどる価格、そしてそれを実現する通貨の働き、と分析したのは、重要な目的があったからだ。彼は当時の政治に支配的だった「重商主義」という思想を批判したかったのである。

重商主義とは、貿易の目的を「外国からの金銀財宝の獲得」に置く交易の仕方である。スミスは、このような重商主義の国家政策がまったくもって無意味であることを論証するために、『国富論』を書いたのである。簡単に言えば、金銀財宝というのは、単なる通貨でしかない。通貨そのものは人々を幸福にしない。人々を幸福にするのは、モノである。そのことを説こうとしたわけだ。

そして、この主張の説得のために、「富とは何か」

「価格とは何か」「お金とは何か」「賃金はどう決まるか」「国民の幸福とは何か」などといった根本的な問題を順次追究していったのだ。

これらのスミスの問題設定は、形式は変われども、経済学の主たる関心事であることは今も同じである。してみると、スミスがいかに偉かったか、ということがわかる。

需要・供給の原理

モノの「価格」はどう決まるのか。

アダム・スミスの考えた「価格の決まり方」は、現代の経済学の立場から見ると、的を外しているところや混乱しているところがあるが、根本的に「需要と供給のつりあいで決まる」としているところは、本質に肉薄していた。

この「需要・供給の原理」は、『国富論』の刊行から250年近く経過した現在では、経済学全体を包括する原理となっており、すでに述べたように高校の政治・経済の教科書にも載っている。ここでは、スミスから離れ、現代的な方法で、その「需要・供給の原理」を解説するとしよう。

「需要」とは、人々がどのくらいそのモノを欲しているか、を表す言葉である。しかし、ここで勘違いしてはいけないのは、「需要」という言葉は、「必要とする」とか「希望している」とかを意味しない、という点である。例えば、「ワインをどのくらい望んでいる

か」と問われれば、たいていの人は「いくらでも」と答えるだろう。「薬がどのくらい必要か」と聞かれれば、「あればあるだけいい」と答えるだろう。もらえるというならビバリーヒルズの豪邸を欲しい。タダでくれるというなら、人は無限の欲求を持つに決まっている。しかし、これは「需要」ではないのだ。

「需要」とは、それを実際に買うことのできる人が価格相応で欲求する量のことなのである。「需要」とは、「価格がこれこれのとき、このくらい買う」という「実際の購買のスケジュール」を表すものであり、「価格」と「購買量」との関係を表すものなのだ。

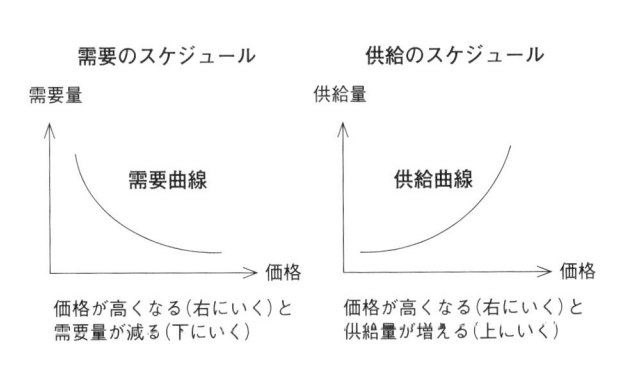

需要のスケジュール

需要量

需要曲線

価格

価格が高くなる(右にいく)と
需要量が減る(下にいく)

供給のスケジュール

供給量

供給曲線

価格

価格が高くなる(右にいく)と
供給量が増える(上にいく)

図のように、横軸に価格をとって、各価格のときに、人々がその商品をどれだけ買うか、それが「需要」である。だから、「需要」は図のような曲線で表される。この曲線のことを「需要曲線」と呼ぶ。見ればわかるように、需要曲線は右下がりとなっている。

これは、「価格が高くなれば、買いたい量は減少する」ということを表している（経済学の教科書では、横軸と縦軸がこれと逆になっているが、本講ではわかりやすさのために逆の軸設定を採用している）。

他方、生産者のスケジュールを表すものが「供給曲線」である。これは、「これこれの価格だったら、これだけの量を生産して出荷する」というスケジュールを表している。「価格が高くなれば、たくさん出荷してたくさん売る」となるのは当たり前なので、供給曲線は右上がりのグラフになる。

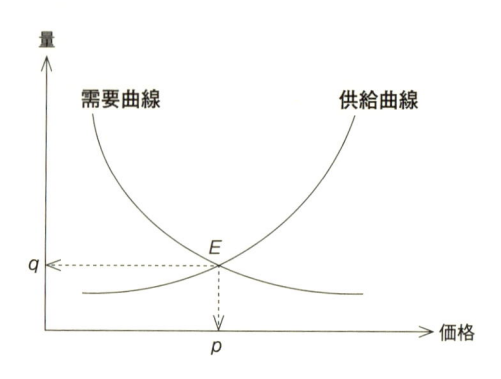

経済学では、この二つの曲線、需要曲線と供給曲線が交差する点 E に取引が決まる、と考える。つまり、点 E の価格 p（横軸の座標）と取引量 q（縦軸の座標）に決まる、と考える。これが「需要・供給の原理」である。

需要曲線と供給曲線が交差するこの点 E は、非常に

重要な意味を持っている。点Eが需要曲線上の点であることから、消費者が「価格がpなら、qの数量を買う」というスケジュールを持っていることがわかる。同様に、点Eが供給曲線上にもあることから、生産者が「価格がpなら、qの数量を売る」というスケジュールを持っていることもわかる。

つまり、この価格pで取引するとき、この価格なら買うつもりの消費者全員がちょうど買うことができ、この価格なら出荷して売るつもりの生産者がちょうど出荷量を売り切ることができるのである。

もちろん、「もっと安ければ買うのに」という人は商品を手にすることはできない。また、「もっと高ければ出荷するのに」という人も売ることはできない。しかし、それは問題ではない。なぜなら、これらの人々は、売り買いしないことを自分の意志で決めているからだ。そういう意味で、どこにも不公平や不公正は生じない。

点Eでの取引は、このように売り手と買い手双方に対して、バランスがとれた点であるので、「均衡」と呼ばれる。均衡とはつりあいを意味する言葉だ。また、点Eでの価格を「均衡価格」、点Eでの取引量を「均衡取引量」と呼ぶ。

「需要・供給の原理」の根拠はなに？

「需要・供給の原理」が主張されるのはなぜだろうか。何か根拠があるのだろうか。根拠は、ビジネスに

関わった人なら、だいたい経験的に理解できることである。

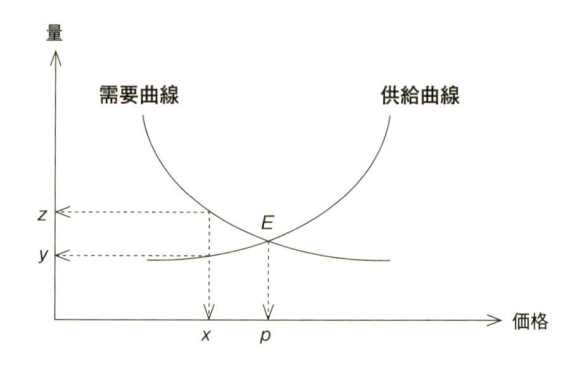

 今、商品の業界全体が市場の読み間違いによって、図の点Eの価格pではなく、xの価格を付けて出荷してしまったとしよう。すると、この価格xでの出荷量は図のようにyとなる。他方、この価格xでの需要はzである。実際に買う、という量がzなのに、出荷されているのはyしかないので、差（$z-y$）の量の商品が消費者の手に入らないことになる。安過ぎる価格で出荷したために、欲しい人が出荷量を超えてしまったわけだ。これを「超過需要」という。このようなときは、普通、店の前に行列ができて、早くから並んだ人しか手に入れられないことになる。

 こういうことが起こると、小売店からたちまち業者に追加注文が来る。非常に多数の追加注文を受けた業

者は、商品がヒットしていることを知り、増産する一方で、もう少し値上げできるかもしれないことに気がつくだろう。すると、このxという価格に長く安定することはないだろう。このような試行錯誤の価格付けの末、価格がpに近づいていくことになるのは、容易に想像できよう。

経済学の致命的な弱点

「需要・供給の原理」は、上記のような思考実験によって、論理的には十分成り立つだろうと思われる。しかし、だからと言って、現実の社会で本当に成り立っている、と結論できるわけではない。何らかの実際のデータによって裏付けなければならない。

ところが、データでの検証は、簡単なようで、実は非常に難しいのである。なぜなら、どんな商品についても、実際の需要曲線と供給曲線を具体的に描くことが不可能に近いからだ。

今、特定の商品に注目したとしよう。それが「いくらの価格で何単位売れたか」は、比較的簡単に調べることができる。実際、納税や企業の決算報告書からおおよそ把握可能である。しかし、それらのデータから、需要曲線や供給曲線の実体を浮かび上がらせることは至難の業である。なぜかというと、経済活動を取り巻く環境は常に変動しており、仮に、それらの曲線が実在するにしても、グラフ全体が風に揺れる旗さながらに、ふらふらと形状変化を続けているからだ。

曲線が揺らいでしまう以上、実際に観測された価格と販売量からは、同じ条件下での曲線を得られない。仮に一方の曲線が動かないなら、他方の曲線の移動に伴って、価格と販売量が表す交点が動いていく。それをトレースすれば、動かないほうの曲線が浮かび上がるだろう。しかし、双方の曲線が動いてしまう場合、こうはできない。

　ここに経済学の致命的な弱点がある。経済活動は「歴史的事象」、「一回性のできごと」であり、「実験がままならない」という弱点である。つまり、物理学や化学の法則とは異なり、「需要・供給の原理」には仮説性・シミュレーション性が常につきまとうのである。

実験経済学のアプローチ

　そんな中、20世紀の終わり頃からこの難点を突破しよう、という試みが盛んになってきた。このような経済学の法則を、実験で確かめるアプローチが開発されるようになったのである。それは、「実験経済学」という分野だ。

　実験経済学とは、一般人を被験者として実験室に集め、現金を賞金とするある種のゲームを行うことによって、人間の経済行動の性質を検証しよう、という試みである。

　ホルト、ランガン、ヴィラーミルという3人の経済学者は、1986年の論文で、実験による「需要・供給

の原理」の検証を発表した（ハーバート・ギンタス『ゲーム理論による社会科学の統合』参照）。彼らの実験は次のようなものだった。

　８人の被験者を「買い手」４人と「売り手」４人に役割分担する。彼らは、以下のルールに従って、ポーカー・チップを売り買いするゲームを行う。

（＊１）実験後、ポーカー・チップを、買い手は6.4ドル、売り手は5.7ドルと引き替えできる。
（＊２）ゲームは５ラウンド行われる。
（＊３）売り手の３人には３枚までの、１人は２枚までのチップを売る資格が与えられている。
（＊４）買い手は、買ったチップを各自４枚まで現金と引き替えできる。
（＊５）各プレーヤーは、自分が所有するチップの数、引き替えることのできるチップの数、自分の引き替え価格は知っているが、他人についてのそれらは知らない。
（＊６）チップがテーブルに置かれると、売り手は売値を、買い手は買値を自由にアナウンスする。一組の売り手と買い手によって取引が成立するまで、アナウンスはくり返される。

　このゲームは、モノの売買を非常に単純化したものと見なすことができる。

価格と取引量(販売量)の決定

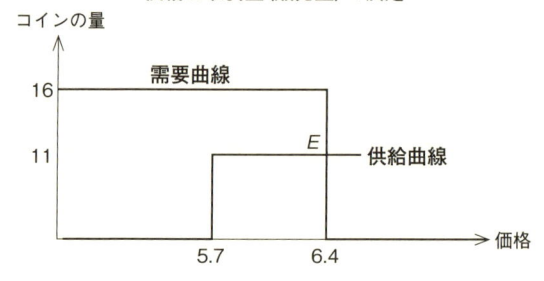

コインの量

16 ─── 需要曲線

11 ─────────── E ─── 供給曲線

　　　　5.7　　6.4　　　　　価格

　売り手は、5.7ドルより高くチップを売ることができるなら、自分でチップを引き替えるよりも儲けることができるので、5.7ドルより高くなれば売る動機を持っている。だから、供給曲線は、5.7ドルまでは0枚、5.7ドルより高くなると11枚になる。5.7ドルのときは、売っても売らないで交換しても同じだから、供給量は0枚から11枚までのどれでもありえて、だから供給曲線は垂直に立っているのである。

　また、買い手は、6.4ドルよりチップが安いなら、それを購入して6.4ドルの現金と引き替えて儲けることができるから、6.4ドルより安い価格のときに買う動機を持っている。だから、需要曲線は、6.4ドルまでは16枚、6.4ドルより高くなると0枚となる。6.4ドルのときに需要曲線が垂直になっているのも、さっきと同じ理屈である。

　図を眺めると、「需要・供給の原理」が正しいなら、取引は需要曲線と供給曲線の交点Eのあたり、す

なわち、6.4ドル程度になるだろうことがわかる。そして、実際の実験結果もそうなるのである。5回の実験のうち、最初の回は5.7ドルと6.4ドルの真ん中ぐらいの価格で取引されるが、くり返すたびに価格が上がり、4回目・5回目あたりでは、ほぼ6.4ドルに近い価格が付いている。これは、まさに、「需要・供給の原理」の示唆する通りである。

次に、この実験で、(＊3)と(＊4)を次のように変更しよう。

(＊3′) 買い手の3人には3枚までの、1人は2枚までのチップを買う資格が与えられている。
(＊4′) 売り手は、各自4枚まで引き替えできる。

つまり、総需要数と総供給数を入れ替えるのである。そうすると、結果も劇的に裏返る。価格は、おおよそ5.7ドルに収束していくことになるのである。こ

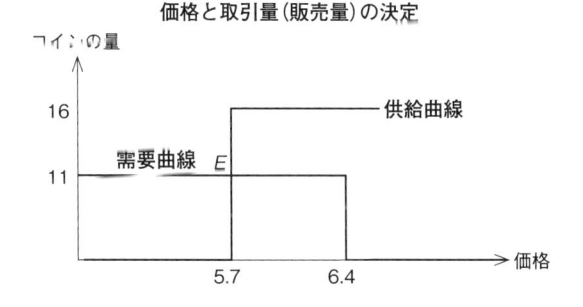

価格と取引量(販売量)の決定

コインの量

16 ――――――――――― 供給曲線

需要曲線 E
11 ―――――――

5.7 6.4 価格

のことは、最初の実験結果を補強する結果となっている。

　この実験は、「需要・供給の原理」が実験室の中では成り立っていることを示していると言えるだろう。

水が安くて、ダイヤモンドが高い理由

　この講の締めくくりとして、アダム・スミスの問題「水のように大切なものが安くて、ダイヤモンドのようにどうでもいいものが高いのはなぜか」に、一つの答えを提供しておこう。「需要・供給の原理」を持ち出せば、以下のように答えることができる。

　まず、水の需要曲線と供給曲線を描いてみる。

　水は、ある程度の量は生存や生活のために必要だが、それ以上は、安くなったからといっていっぱい消費したい、というたぐいのものではなかろうから、図のように、ほぼ水平の線になると考えられる。つまり、qの量は必要でそれ以上はいらないから、価格がいくらであろうと購買量がqであり、水平線になっている。

　他方、水は、高く売れるなら簡単に運んでこられるから、供給曲線は、大きな傾斜の右上がり曲線になるだろう。

　出発点のsは、自然に存在する水で、ほぼタダで供給できることを意味する。s以上の量の水を供給するには、どこかから水を運ぶ必要があるから正の価格が付かなければ出荷されない。しかし、水を運ぶのはそ

水の需要と供給

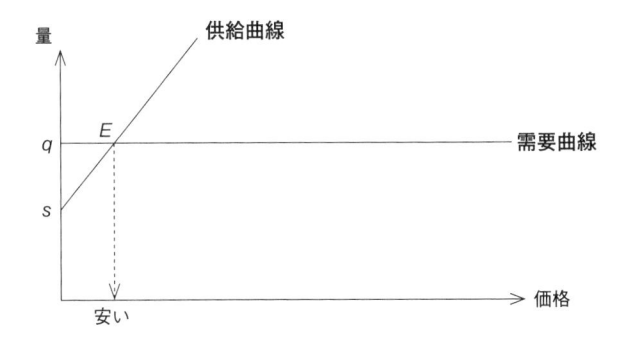

```
量
│      供給曲線
│     ╱
│    ╱
│   ╱
q ─┼──E──────────── 需要曲線
│  ╱┆
s ╱  ┆
│    ┆
└────┴──────────→ 価格
     安い
```

んなに大変ではないので、価格がわずかに上がるだけで、大量の供給がなされるに違いないから、供給曲線はけっこうきつい傾斜の曲線になるだろう。

　需要曲線と供給曲線の交点Eが均衡となるが、明らかに価格は安いと見てとれる。

　他方、ダイヤモンドは、供給が難しく、価格が高くなっても簡単に供給量を増やすことはできない、と仮定してみよう。実は、前世紀の終わりには、人工的にダイヤモンドを作ることが可能になったそうなので、ここではあくまで天然のダイヤモンドを意味するものとする。

　すると、図（次ページ）のように、供給曲線が緩い傾斜となる。なぜなら、発掘のためのコストが高いので、価格が相当上がらないと出荷量を増やすことができないからである。だから、交点Eで表される均衡価格は非常に高いものとなるだろう。

第1講　経済活動にも法則性がある？

ダイヤモンドの需要と供給

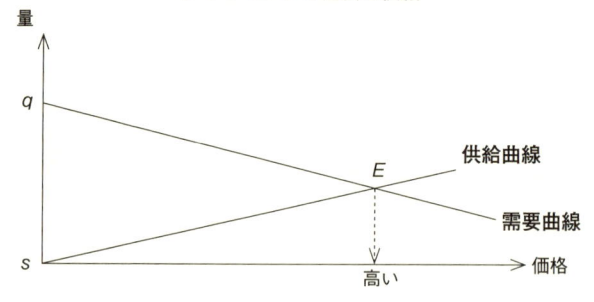

(図：縦軸「量」、横軸「価格」。需要曲線と供給曲線が点 E で交わり、その価格が「高い」位置にある。縦軸上に q と s の点。)

　本筋とはずれるが、ダイヤモンドがなぜ高いのかについて、経済学者・林敏彦が、ライベンシュタインという人の研究を応用して、非常に面白い説明を行っている（林敏彦『需要と供給の世界』参照）。それは、「ダイヤモンドの需要曲線が右上がりになる」、すなわち、「高ければ、高いほど買われる」という例外的な性質を持っている可能性を考えたのである。これは、ヴェブレンという経済学者が主張した「消費におけるひけらかしの効果」という考え方を取り込んだものだ（ちなみにヴェブレンは、15ページで紹介した制度学派の創始者と考えられている学者である）。

　ヴェブレンは、金持ちの消費について、それが単に自分の個人的な快楽のためではなく、「人にひけらかすことで、快楽を得る」ために行われる可能性を指摘した。これを奢侈的消費と呼んでいる。この説を応用すれば、ダイヤモンドというものは、価格が高いことで、人にひけらかして得られる快楽が大きく、それで

より買われるようになる、と考えることが可能になる。この場合、下図のように、ダイヤモンドの需要曲線は通常とは異なり、右上がりになる。こうなると、需要曲線と供給曲線の交点は、相当に右側になっても不思議ではない。このときは、ダイヤモンドの価格はとんでもなく高価になりうる。

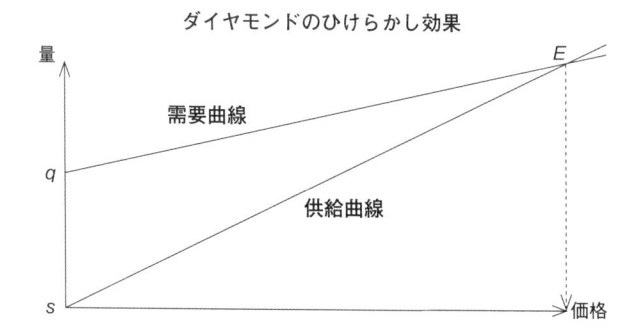

ダイヤモンドのひけらかし効果

「欲望」と「嗜好」を式にする

本講では、経済学の問題設定を明示したうえで、その最も大切な解答が「需要・供給の原理」であることを述べた。そしてこの原理が、思考実験では自然に導かれ、また、非常に特殊なケースについては、具体的な実験でも検証されていることを解説した。

残された問題は、需要曲線と供給曲線という目に見えないものをなんとか目に見えるようにすることである。

ポーカー・チップの売買の実験の場合は、非常に簡

単だったが、それは「お金」を最終目的としているからだ。しかし、人間の本当の需要と供給は、お金ではなく、モノに向かっている。モノへの需要や供給を浮き彫りにするのは簡単ではない。なぜなら、それは、「人の欲望」と「人の嗜好」という目に見えない何かを目に見えるようにしないとならないからである。需要曲線と供給曲線の形状をはっきり捉えるためには、「人の欲望」と「人の嗜好」とを、なんとか「数学化」しなければならないのだ。

　さらに、需要曲線と供給曲線との交点が「市場」によって実現するとされるが、その「市場」とはどういうものかも、はっきりさせなければならない。「市場」というものが、どんな「制度」、どんな「仕組み」であるかを、なんとか明示する必要がある。

　これらの疑問について、本書一冊を使って答えていく。本書の特徴は、「需要」「供給」「市場」「均衡」などといった従来の教科書が「そういうもの」で済ませている概念を可視化するところにある。そのため、前半と後半で別々の答えを用意する。前半では、第4講でオークションから答えを出す。後半では、第7講で協力ゲームから答える。第4講と第7講は、「需要・供給の原理」を別の角度から見た解答になっている。

第2講
モノを交換する意味

簡単なモデルで考える

　経済学では、経済の営みの背後にある法則を理解するために、「モデル」というものを使う。「モデル」とは、簡単に言えば「寓話」であり、現実をものすごく単純化したシミュレーションである。
「モデルを使って考える」のは、経済学だけでなく、物理学や生物学など科学で一般的に使われる方法論だ。
　私たちが観ている世界は、あまりに複雑であり、ノイズが多い。そのまま全体を受け入れて理解しようとすると、どうでもいいことに注意をそらされ、かえって本質を見失ってしまう。だから、注目している現象に対して、本質的でない部分（ノイズ）を除去し、大事なところだけ見て、現象の背後のメカニズムを理解しようとするのである。そういう方法論を、「モデル思考」とか、「思考実験」、あるいは「シミュレーション」などという。
　シミュレーションを広辞苑で引くと、「物理的・生態的・社会的等のシステムの挙動を、これとほぼ同じ法則に支配される他のシステムまたはコンピューターによって、模擬すること」とある。経済学でやっているのは、まさにこういう「現実を模擬すること」である。
　物理学の中から例を取り出してみよう。かのガリレオ・ガリレイは、「慣性の法則」という最も重要な物

理法則を思考実験によって発見した。これは「外力が何も働かないとき、物体は永遠に静止しているか、永遠に等速直線運動をする」というものだ。

　しかし、地上では常に摩擦力が働いているから、運動している物体は必ず静止してしまう。しかも、地球は丸いから、直線運動を続けることは不可能である。にもかかわらず、ガリレオは、なぜこの慣性の法則に気がついたのか。それは、非常に滑らかな板の上での運動実験や、海上の船の運航などから類推して、摩擦というノイズがなければ物体は等速直線運動をするのだろう、と推論したからなのだ。世界をそのままに見つめて受け入れていたら、決して気づくことはできなかったであろう。

　ガリレオ後の物理学は、このような「外力の働かない世界」を想定して、力学の基本法則を続々と発見していった。そして、それらの基本法則の発見のあとに、今度は、だんだんと取り除いた要素を戻していったのである。重力が働くとどうなるか、空気抵抗があるとどうなるか、摩擦があるとどうなるか、電界や磁界があるとどうなるか、といった具合に、一度は除去した要素を再加入させて、法則を精緻化していった。

　経済学でも同じように、最初は、「現実」にまとわりついた「ごちゃごちゃとした要素」を除去して考える。

　実際の経済では、たくさんの店舗でモノが売買されている。それらの取引には、立地や人口や歴史や天候

や、どんな階層の人、どんな年齢層の人、どんな人種の人が居住しているか、など多くの要素が複雑に影響を与えている。あるときはキャンペーンのために安売りをしているだろうし、たくさん買うと価格を安くしてくれることもあるだろう。

このようなさまざまな要素をそのまますべて受け入れることは、「世界をそのまんま受け入れる」ことになってしまう。現象が複雑になりすぎて、何も見えなくなる。だから、経済学はこのような雑多な状況をいったん無視して話を進めるのである。

お金を無視する

本書も、社会の雑多な要素を排除して、経済活動をシミュレートする。この第2講では、最も典型的な「無視」を行う。それは「お金の無視」である。

私たちの日常の経済は、お金中心で回っていると言っていい。働けば、その報酬はお金で受け取るし、モノを買うときもお金を支払って手に入れる。たいていの人は、豊かさとはお金がたくさんあることだと思っているし、だから「ああ、お金が欲しい」と切望することだろう。

しかし、よくよく考えると、お金は食べられもしないし、眺めても芸術的な鑑賞快楽を得られもしないし、燃やしても暖まることなんかできない。お金そのものには何も、物的な、あるいは直接五感を満足させるような効能はない。

それなのに、私たちがお金を欲しいと思うのは、お金に「社会的な効能」があるからだ。それは、お金で商品を買うことができ、買った商品から効能が得られる、という間接的な効能である。このように考えた場合、効能の出所は商品それ自体なのだから、お金を無視して商品の与える効能を直接考えるほうが妥当だろう。

　そうは言っても、一般の人には、お金の存在を無視して経済の営みを考えることはすごく難しい。現在、お金の流通していない社会はない。それほどにお金は生活に浸透し、密着している。

　お金のない世界を想像することは、空気抵抗や摩擦や重力のない空間を空想することと同じだ。私たちは、つねに重力のもとで暮らしているので、重力の存在を意識しない。また、空気のない真空を空想することも不可能だ。お金も、それらと類似した「あって当たり前だから、無視することが困難な存在」なのである。

　ここにこそ経済学者の面目躍如がある。経済学者は、お金を無視したうえで、経済の営みを理解することができる。お金を、ただの「絵の描いてある紙切れ」にすぎない、と見なすことさえできる。お金の存在から自由でいられるのである。だからこそ、そのただの紙切れがどうして、社会の中で重要な役目を果たし、経済を振り回す存在になるのか、そういう問題を分析することができるのである。

実は、ぼくが大学院で経済学のトレーニングを受けたときに、最も驚き、ためになったのは、この「お金の無視」だった。お金を取り除いて眺める経済を「実物経済」と呼ぶのだが、「実物経済をまず見つめ、考える」という方法論は、それまで経験したことのなかった知的興奮を与えてくれた。テレビに出てくる経済評論家の話を注意して聞いてみてほしい。必ずお金の話をしている。評論家と呼ばれる人たちにさえ、実物経済を土台に考えている人は少ないのだ。実物経済で考えるというのは、プロの経済学者に独自の思考法だと言っていい。
　お金の本当の役割を理解するのは、いったん、お金の存在しない世界を考え、それから戻ってみるのが一番である。そこで本講では、お金のない世界の経済を考える。それは、言うまでもなく、物々交換の世界である。

物々交換をシミュレートする
　お金は人間社会に最初からあったわけではない。どの時期かに発明されたのだろう。それ以前には、お金のない社会があったはずだ。
　しかし、ここで考えたいのは、「大昔の現実の社会」ではない。そういう社会では、生産や消費に関するすべての仕組みが今と異なっているに違いないから、目的に適しない。ここで考えたいのは、今の経済システムから、お金だけを取り除いたバーチャルな社

会なのである。

　このような社会では、モノの交換は、直接の物々交換で行われるだろう。例えば、Aさんがリンゴを生産し、Bさんがミカンを生産し、AさんとBさんの間でリンゴとミカンを交換する、というような感じである。

　このような物々交換が行われる理由は、双方ともより快適な消費生活を送りたいからである。なぜなら、Aさんは自分の生産したリンゴだけを食べるより、ミカンも食べられるほうが嬉しいだろうし、Bさんも自分の生産したミカンだけを食べるより、リンゴも食べられるほうが快適だろうからだ。物々交換が行われるのは、「持っているもの」と「消費したいもの」に食い違いがあるからに他ならない。

　経済学者の梶井厚志が、物々交換についての非常に面白いエッセイをブログに書いている。それは、昔話「わらしべ長者」が、経済における物々交換の不思議さを体現した物語だ、というエッセイである。
「わらしべ長者」は、貧乏人が物々交換によって金持ちになる、というサクセスストーリーであり、以下のような展開をする。

　まず、男は一本のわらしべに捕まえたアブを紐で結びつけて玩具を作る。すると、子どもが泣きじゃくるので困った母親が、男のわらしべ玩具とミカンとの交換を申し出る。男はこうしてミカンを手に入れた。次に、喉がからからの反物屋と出会った男は、ミカンと

交換に反物を手に入れる。さらに、侍の馬を預かる家来と出会って、反物と馬とを交換することになる。最後は、急用で馬を必要とする金持ちに出くわし、馬を提供する代わりに、金持ちの屋敷の留守番を頼まれた。金持ちは戻ってこず、男はまんまと屋敷を手に入れてしまった。結局、男は、わらしべ玩具を屋敷に換えたことになったのである。

　この昔話には、双方にとって満足な物々交換から、傍目(はため)からはとんでもない財産が築かれる痛快さがある。しかし、経済とは究極的には、まさに昔話と同じなのである。

　これは昔話ではなく現代の話だが、以前、正真正銘の物々交換経済をテレビで目の当たりにしたことがある。お正月のことだった。テレビのニュースで、渋谷の人気ファッション店が中高生の少女たち向けに売った福袋のことが報じられていた。面白かったのは、福袋を買った少女たちが、その場で福袋を開けて中の衣服を取り出し、路上で他の少女たちと物々交換を始めたのである。なるほど、福袋というのは、福袋自体を購入するのであって、自分の欲しい衣服を直接買うのとは違う。福袋には、必ずしも自分の欲しいものが入っているわけではない。だから少女たちは、その場で交渉をし、互いに欲しいものを手に入れるようにしたのである。これは、前述したリンゴとミカンの物々交換の仕組みと同じである。

　この話で面白いのは、少女たちがお金を介在させな

かったことである。理由はいくつか考えられる。福袋でお金を使い果たしてしまい、売り買いに使えるお金が余っていなかったこともあるだろう。あるいは、路上での売り買いは、露店販売に当たり、取り締まりの対象になることもあるかもしれない。しかし、最も大きな理由は、直接に欲しい服同士を交換するほうがわかりやすかったからではないだろうか。

　ここでシミュレートしたい経済は、この少女たちの物々交換とそっくりのものである。

「好み」を数式化する

　物々交換が行われる理由は明らかだが、「結果として、どのような交換がなされるか」をシミュレートするには、もっと理論的な設定が必要になる。人々の「好み」というものを何らかの方法で数学的に可視化しなければならない。

　経済学では、次のようにして、「好み」を数学的に可視化する。すなわち、「Aさんは、モノ x（の消費）をモノ y（の消費）より好む」ということを次のような記号で表現するのである。

$$x \succ_A y$$

　ここで、記号「$\succ$」が、「好みの順位」を表すものとなっている。記号「$\succ$」は、不等号「$>$」に丸みをつけたもので、意味的にも似通ったものと理解していい。「$x > y$」が「左の数 x が右の数 y より大きい」を

第2講　モノを交換する意味　　61

意味するのと同じく、記号「$x \succ y$」は「左のモノxが右のモノyより好ましい（好みの度合いが大きい）」ことを表すのである。そして、その好みが「誰の」好みであるかを明示するために、右下に小さな添え字で「Aさん」を添えて、「$x \succ_A y$」と記す。「$\succ_A$」をAさんの「選好」と呼ぶ。

わざわざ新しい記号を作る理由として、少なくとも以下の二つを挙げることができる。

（理由１）人々のモノに対する好みの法則を記述するうえで、日本語でずらずら書くよりも、ずっとすっきりと書ける。
（理由２）数学においてすでに構築されている法則や理論を利用することができる。

理由１は、どうでもいいように聞こえるかもしれないが、とても重要なことである。われわれの言葉によるものごとの理解は、一般に文章が長ければそれだけ厳密な理解は難しくなり、どうしても「ぼんやりした理解」に留まってしまう。だから、できるだけ厳密に理解したい場合には、なるべく文章を短くする必要がある。例えば、

$$（x \succ_A y \text{かつ} y \succ_A z）\text{ならば} x \succ_A z$$

という内容（選好の推移律）を言葉で記述しようとすると、「Aさんがxをyより好み、かつyをzより好むなら

ば、必ず A さんは x を z より好む」と書かねばならない。慣れていない人は、最後まで集中力を保って読むことが難しいだろう。しかし、上記の数学記号に慣れれば、大きな負担なく、正確に内容を把握できるようになる。

理由 2 は、より重要性が高い。ほとんどの科学分野が数学表現を利用するのは、数学が長い歴史の中で築き上げてきた諸法則を利用できるからである。分析しようとしている現象を、既存の数学に当てはめることができれば、その数学で得られている諸法則を、扱っている現象に対して読み替えることが可能になる。これは大変効率的なことであり、思考の節約になる。何より、「考える手がかりさえない状態」から、「とりあえず考えを進めるための、よく整備された道路上」へ移行することは、ものごとを考えるうえで非常に効率的であろう。

ただし、先に述べたように、数学的なエレガントさを重視しすぎると、得られた理論が「現実」にまったく似ていないものになってしまう憾みもある。

みんながハッピーになる状態

それでは、選好の記号を利用して物々交換をシミュレートしてみよう。

前と同じく、リンゴを持っている A さんとミカンを持っている B さんを考える。そして、A さんは、ミカンをリンゴより好み、B さんはリンゴをミカンより好

んでいる、と仮定する。式で書くなら、

　　ミカン$>_A$リンゴ、リンゴ$>_B$ミカン

となる。この2人が出会った場合、明らかに所有しているリンゴとミカンの自発的な交換が成立するに違いない。なぜなら、物々交換によって、双方とも前より好ましいものを消費できるからである。

物々交換が成立する条件

Aさん　　　　　　　　　　Bさん

　リンゴ　　　　　　　　　ミカン

ミカン$>_A$リンゴ　　　　リンゴ$>_B$ミカン

⬇ より良い状態　　　　　⬇ より良い状態

　ミカン　　　　　　　　　リンゴ

　このような状態の変化のことを、経済学の専門の言葉で、「パレート改善」と呼ぶ。正式に定義すると、以下のようになる。

【パレート改善】
　ある経済行動によって、選好の意味で、参加者たちが誰ひとり、前より好ましくない状態にならず、少なくとも1人は前より好ましい状態が実現されること。

ちなみにパレートとは、この定義を提唱した人の名前で、19世紀から20世紀に活躍したイタリアの経済学者である。

　経済学では、このようにパレート改善になる場合にだけ、自発的な交換が行われると考える。また、そう考えることに、ほとんどの読者は異論がないだろう。

　この例の場合、具体的には、どのように交換が実践されるだろうか。どちらかから、あるいは両者同時の申し出によって、リンゴとミカンの交換が行われるであろう。これを「直接交渉」と呼ぶ。

　ここで「自発性」という条件は非常に重要である。なぜなら「自発性」の反対は、「強制」であり、パレート改善でない状態の変化、つまり、「誰かを選好の意味で悪い状態にする」ような変化は、ある種の強制がないと実現しえないからだ。

　実は、パレート改善というものは、「交換」以外に、社会においてあまり見かけられない。自由恋愛を基礎とした結婚は、二者の契約と見なせば、パレート改善の場合だけに成立すると考えていいかもしれないが、このようなケースを除けば、他にはあまり例がない。

　例えば、政府による公共事業は、税金によって公共サービスを行うことだが、これは明らかにパレート改善ではない。すべての国民が、享受したサービスを納入した税金額よりも好んでいるならばパレート改善に

なるが、これはまったく期待できない。実際、高額納税者は、自分が消費している公共サービスと同質のサービスを、納税額よりも低額で購入することができるから、得られた公共サービスは失った税額に劣るだろう。

　一般に、政府の政策は、一国全体の生産量（国内総生産）を大きくすることを目的とする。この目標では、「国民全員が選好の意味で悪くならないこと」は要請されないので、パレート改善を実現する政策が導かれるとは限らない。

　このように、パレート改善はあまりにも厳しすぎる基準であり、多くの例は得られない。しかし、経済学では、このパレート改善が可能かどうかを分析の標的にすることが多い。なぜか。パレート改善では誰も損をしないので、それは実現されるのが「正しい」ことと考えられるからである。

　パレート改善が可能なのに、それができない状態に社会がはまりこんでいるなら、そこには何か大きな秘密がある。それは、誰かの陰謀かもしれないし、社会的なヒステリーかもしれない。それを暴き出すことは、科学としての興味もあるし、倫理的にも重要なことだ。いわば、経済学の使命なのである。

　さて、市場におけるモノの自発的な交換は、パレート改善の典型的な例である。それはみんながハッピーになるシステムである。

　このことに関して面白い説がある。ネアンデルター

ル人は、われわれ人類と非常に近い生物で、一時は共存していたが、約3万年前に絶滅した。ネアンデルタール人が絶滅し、われわれが生き延びている理由について、経済学の立場から答えた論文があるようだ（坂井豊貴『マーケットデザイン入門』参照）。それは、われわれは分業と交換を行っていたが、ネアンデルタール人はそうではなかった、という説である。もし、これが本当なら、物々交換は種の存続に関わるほど重要なシステムだということになる。

モデルのリアリティを高めていく

　先ほどのリンゴとミカンの交換の例は、各自が1個ずつ所有しており、さらに互いに自分の所有物より他人の所有物を好んでいるという、非常に特殊なケースであった。私たちの日常の経済を分析するためには、もうちょっとリアリティを高めないとならない。

　そこで以下のように、もう少し設定を複雑化してみよう。Aさんは最初2個のリンゴを持っており、Bさんは最初8個のミカンを持っているとする。こういう場合は、AさんもBさんも自分の所有物と相手の所有物をまるごとごっそり交換しないのが一般的だろう。なぜなら、一方の果物だけを食べるよりも両方の果物を食べられるほうが好ましいだろうから。

　となると、この行動を描写するための選好は、もう少し表現を精緻化する必要がある。そのためには、「リンゴかミカンかどっちが好きか」というタイプの

単純な選好ではなく、「リンゴ何個とミカン何個の消費が、リンゴ何個とミカン何個の消費より好ましい」というタイプのより込み入った選好を導入しなければならない。前より少し複雑にはなるが、ひどく難しくなるわけではないから、がんばって読みつないでほしい。

まず、「リンゴ x 個とミカン y 個の組み合わせを消費すること」を、簡単に (x, y) と記すことにしよう。例えば、リンゴ1個とミカン3個の消費は $(1, 3)$ と書く。これは、中学数学で習う「座標」という形式である。多くの読者は、中学や高校で座標を習ったとき、「いったい実生活とどう関係があるのか」などといぶかったことだろうが、こんなふうに消費生活の描写などにも使えるのである。

そのうえで、「Aさんは、リンゴ x 個とミカン y 個の組み合わせを消費することのほうを、リンゴ z 個とミカン w 個の組み合わせを消費することより好む」ということを、座標表現に選好記号を組み合わせて、

$$(x, y) \succ_A (z, w) \quad \cdots\cdots ①$$

のように表す。例えば、「Aさんは、リンゴ1個とミカン3個の組み合わせを消費することのほうを、リンゴ2個とミカン0個の組み合わせを消費することより好む」ということは、

$$(1, 3) \succ_A (2, 0) \quad \cdots\cdots ②$$

と書かれる。また、例えば、「Bさんは、リンゴ1個とミカン5個の組み合わせを消費することのほうを、リンゴ0個とミカン8個の組み合わせを消費することより好む」ということは、

$$(1, 5) \succ_B (0, 8) \quad \cdots\cdots ③$$

となる。②③のような表現方式とそれらを言葉で表現したものとを比べると、②③のほうがずっと短く済み、また読みやすいことを納得できるだろう。

さて、先ほど仮定した通り、Aさんは最初2個のリンゴを持っており、Bさんは最初8個のミカンを持っているとする。さらには、Aの選好②を仮定し、Bの選好③を仮定してみよう。このとき、両者の間で次のような物々交換が成立するだろう。

（＊1）　Aさんの所有するリンゴ1個とBさんの所有するミカン3個との物々交換

なぜなら、（＊1）の物々交換の結果、Aさんはリンゴ1個とミカン3個、すなわち (1, 3) を消費できるようになる。Aさんの選好②を見てみれば、最初に所有しているリンゴ2個の消費 (2, 0) より好ましいから、Aさんはこの物々交換（＊1）に同意するだろう。他方、（＊1）の物々交換の結果、Bさんはリンゴ1個とミカン5個、すなわち (1, 5) の消費が可能となる。これをBさんの選好③に照らしてみれば、最初

に所有しているミカン8個の消費 (0, 8) より好ましいから、Bさんもこの物々交換 (*1) に同意するだろう。したがって、両者の合意によって、両者は自発的に物々交換 (*1) を行うに違いない。

数量的な物々交換のメカニズム

Aさんの選好 (1, 3) $>_A$ (2, 0)
Bさんの選好 (1, 5) $>_B$ (0, 8)
初期保有 (最初に持っている量)
A: (2, 0) B: (0, 8)　　　リンゴ2個　　　　　　ミカン8個

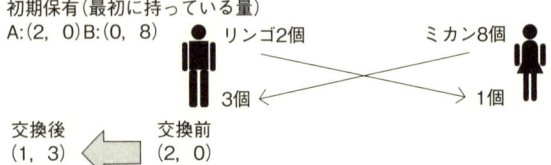

　　　　　　　　　　　　3個　　　　　　　　　　1個

交換後　　　交換前
(1, 3)　　　(2, 0)
(1, 5)　　　(0, 8)

どちらにとっても好みは>となるから実現される。

このことを「パレート改善」という用語を使って語り直せば、「Aさんのリンゴ1個とBさんのミカン3個との交換は、両者の選好について、パレート改善を達成するため、実現可能である」ということになる。

もちろん、選好が②と③であっても、実際に実現される物々交換が必ず (*1) になるとは限らない。なりゆき次第では、他の交換になることだってありうる。

例えば、両者の選好をもっと細かく記述して、次のようだったとしよう。

$(0, 6) >_A (1, 4) >_A (1, 3) >_A (2, 0)$ ……④
$(1, 5) >_B (1, 4) >_B (0, 8) >_B (2, 2)$ ……⑤

④は「Aさんは、ミカン6個だけの消費、リンゴ1個とミカン4個の消費、リンゴ1個とミカン3個の消費、リンゴ2個だけの消費、の順に好んでいる」を表しており、⑤は「Bさんは、リンゴ1個とミカン5個の消費を、リンゴ1個とミカン4個の消費より好み、また後者の消費をミカン8個だけの消費より好むが、リンゴ2個とミカン2個の消費はミカン8個だけの消費に劣る」を表している（きっと、読者は数式を見たほうが理解しやすくなっているに違いない）。④が成り立てば②は成り立ち、⑤が成り立てば③が成り立つことに注意しよう。

　この場合は、

（＊2）　Aさんの所有するリンゴ1個とBさんの所有するミカン4個との物々交換

だって実現可能なのである。実際、これを実行すれば、Aさんの消費は（1, 4）、Bさんの消費も（1, 4）となる。これらの消費は、選好④⑤に照らすと、互いに最初の所有物を消費するより好ましくなっており、パレート改善になる。したがって、この物々交換も実現可能な状態である。

　物々交換（＊1）も物々交換（＊2）もパレート改善な状態をもたらすから、どちらも実現可能である。しかし、ミカンの消費の個数を比較すればわかるよう

に、(＊1)は相対的にBさんに有利な交換、(＊2)は相対的にAさんに有利な交換となっている。(＊1)と(＊2)のどちらが、実際に実現されるかは、時と場合による。

どちらの交換が実現されるかは、一般に、「交渉のプロセス」に依存する、と考えられる。Aさんの交渉力が強ければAさんに相対的に有利な交換(＊2)が実現し、Bさんの交渉力が強ければBさんに相対的に有利な交換(＊1)が実現するだろう。あるいは、偶然によって決まる場合も否めない。例えば、Aさんが交換(＊2)を申し出たとき、BさんがAさんの選好が④であると知らなければ、交換(＊1)を申し出たら断られてしまう、という危惧を抱くかもしれない。その場合、Aさんが申し出た交換(＊2)を受け入れてしまうかもしれない。

世の中には、パレート改善をもたらす交換は複数ありえて、そのうちのどの交換が実現するかは、ケースバイケースであり、パレート改善という見方だけから決定することはできない。

もちろん、実現が不可能な交換もある。例えば、

(＊3) Aさんの所有するリンゴ2個とBさんの所有するミカン6個との物々交換

は、成立しない。なぜなら、Bさんはこの交換(＊3)を受け入れると、リンゴ2個とミカン2個を消費

((2, 2)を消費)することになる。⑤のBさんの選好を見ればわかるように、もともと所有しているミカン8個だけの消費((0, 8)の消費)のほうが、リンゴ2個とミカン2個の消費((2, 2)の消費)より好ましいから、この交換に応じない。

「パレート改善だからといって、現実的に実現できない場合がある」ということも確認しておこう。

例えば、選好④の中の消費でAさんにとって最も好ましい(0, 6)の消費と、選好⑤の中でBさんにとって最も好ましい(1, 5)の消費とを、同時に実現することはできない。当たり前である。この消費では、リンゴについては、両者合計で(0+1=)1個の消費だから、2個あるリンゴのうち1個を捨ててしまえば、可能である。しかし、ミカンについては、両者合計で(6+5=)11個が消費されることになるが、ミカンはもともと8個しかないから、これは不可能である。つまり、このような交換は原理的に実現できない。

モノを交換することの意義

さて、今、なんらかの理由で交換(＊1)が実現されたとしよう。このとき、リンゴ1個とミカン3個が交換されたのだから、リンゴ1個とミカン3個はある意味で「等しい」と考えることができる。つまり、

　　リンゴ1個＝ミカン3個

と書ける、ということである。このような等式を作ると、リンゴとミカンという異質なモノを比較することができるようになる。これを「相対価格」という。「リンゴはミカンで測ると3個分に匹敵する」ということだ。もっとわかりやすくいうと、ミカンの価格を1とすれば、リンゴの価格は3になる、ということである。第1講で解説したアダム・スミスの「交換価値」がこれにあたる。

相対価格を使うと、次のようなこともわかる。

ミカンの価格を1、リンゴの価格を3として計算しよう。Aさんは最初にリンゴを2個持っているのだから、価格でいうと2×3＝6の分の財産を持っていることになる。交換（＊1）の後、リンゴ1個とミカン3個を消費するのだから、価格でいうと、1×3＋3×1＝6の分の消費をしたわけだ。ここで、交換しようがしまいが、Aさんの消費は価格で測ると6である。同様にBさんの最初の財産の価格は（8×1＝）8であり、交換の後に消費した分の価格は（1×3＋5×1＝）8で、全く同じ価格だ。このように、物々交換によって、消費できる量の相対価格は全く変化しないのである。

にもかかわらず、選好の意味では、両者ともに交換後のほうが良くなっていることを思い出そう。つまり、同じ価格の消費であるにもかかわらず、交換によって、より良い（快適度の高い）消費が可能になった、ということなのである。まさにこれが、社会にお

けるモノの交換の意義を示している。

　このことは、「価格」と「価値」という二つの概念が、実は異なったものであることも示唆している。AさんもBさんも相対価格で測ると最初の所有物と同一の「価格」分を消費した。けれども、交換前よりも「価値」の高い、すなわち、選好$>_A$や$>_B$で計測すれば「より好ましさの大きい」消費の組み合わせを実現しているからだ。

　なぜそうなるか、というと、「価値」というのは、個人の内面にある好み（要するに、選好）から決まるものであり、「価格」というのは、交換という集団の社会的な行動によって決まるものだからだ。

　「価格」は集団の中で社会的に決定されるが、「価値」は個人それぞれの内面にあるものであって、社会とは関係がない。

　この個人と社会とのズレが、交換の意義をもたらす。経済学を理解する第一歩は、この、個人に依拠する「価値」と、集団社会に依拠する「価格」との区別を理解することだと言っても過言ではない。そして、まさにこれこそ、アダム・スミスが解明したいと考えたことなのである。

　またここで、相対価格というものが、取引者の選好に立脚して実現された消費量に依存して決まるものであることに注目する必要がある。相対価格がいくらになるかは人々の選好のありかたから切り離すことはできないのである。

このことを具体的に見るために、再び、Aさんの選好④とBさんの選好⑤に戻ってみよう。この選好のもとで、両者は交換（＊1）「Aさんの所有するリンゴ1個とBさんの所有するミカン3個との物々交換」が実現できることは前に説明した。これが実現した場合は、「リンゴのミカンに対する相対価格が3であるような取引が行われた」ことになることもすでに説明した。

　このとき、ミカンの価格に対するリンゴの相対価格が3であるのだから、引き続いて、Aさんのリンゴをもう1個とBさんのミカンをもう3個とを交換できるだろうか。つまり、Aさんはリンゴ2個を支払って、Bさんのミカン6個が買えるだろうか。これが不可能であることもすでに解説してある。これは交換（＊3）「Aさんの所有するリンゴ2個とBさんの所有するミカン6個との物々交換」を意味するが、これはBさんが拒否してしまうからである。

　このことは、われわれの日常生活から見て不可思議なようでもあり、当然のようでもある。私たちの日常生活では、ある商品を2倍買いたければ、価格の2倍分を支払えばいい。例えば、1袋100円のポテトチップスを2袋欲しければ、200円払えばいい。これは今の話とつじつまがあわないように見える。それもそのはずで、2倍買うには2倍支払えばいい、というのは、その商品の市場への供給が豊富な場合である。この場合、1人の消費者の購買行動の変化は全体に比べ

れば影響力がゼロだから、価格への影響はないのである。一方、供給量が少ない商品については、2倍払っても2倍買えない状況は普通にある。例えば、並ばなければ買えないような和菓子は、たいてい「お一人さま、何箱まで」と買える数が決まっている。この場合は、2倍払えば2倍買えることにならない。

選好の理論は経済学の根幹

　以上で、選好記号を使った物々交換の説明を終える。これだけを読むと、選好記号の利用は、簡単なことをわざと小難しく言っているように思えるかもしれない。しかし、そうとも言えないのである。

　選好の理論は、経済学の土台を成すものであり、超基本ツールである。物理学で言えば、ニュートンの力学方程式（$F = ma$：Fは力、mは質量、aは加速度）にあたるものと言っても過言ではない。経済学は、この理論によって、人間の内面にある欲望を数学的に可視化することに成功し、人間の経済行動を描写するシステムを生み出せたのである（合コンへの応用例を第6講で紹介する）。

　例えば、選好$>_A$に関してある仮定を置けば、選好は関数で表すことができることを証明できる。つまり、消費物のセットをインプットすると数値がアウトプットされるような関数があって、その数値が大きい消費物のセットほど好ましい、というようになるのである。このような関数を「効用関数」と呼ぶ。

ある消費者が内面に持っている関数 $U(\cdots)$ があって、リンゴやミカンをインプットすると数値が出てくるとする。$U($リンゴ$)$ が10で、$U($ミカン$)$ が7なら、この人はリンゴをミカンより好む、ということになる。

　数値をアウトプットする効用関数が存在して、選好とぴったり同じ結果を与え得るか、という問題は興味深いテーマだった。経済学者は、選好がある一組の性質を持つなら、そのような効用関数が存在することを証明したのである。もちろん、そういう性質を仮定しなければ、そのように選好が効用関数の数値の大小で表すことのできないこともある。

　普通の経済学の教科書では効用関数を基礎に解説しているが、ぼくは選好（>）のほうが効用関数よりも直接的でわかりやすいと思うので、本書のようなアプローチをしている。

　選好の理論の最も目覚ましい応用は、確率的な現象についての人々の好みを表すものだ。これによって、人々が平均的には損であるようなギャンブルにお金を投じる理由を明らかにすることができた。これを「期待効用の理論」という。

　ぼくにとって、ミクロ経済学を学んだ中で、最も衝撃的だったのが選好理論である。選好理論とは、人間の内面の欲望を数学で可視化するものであり、未知の未来に対する恐れや不安やどきどき感を表現するものである。非常に抽象的な数学理論と、人々の欲望や恐

れが結びつくことは、ぼくにとってそれまでの数学観を覆すものだったのである。それで、大学の講義でも、また本書でも、効用関数のほうではなく、選好のほうを直接使うことにしている。

いろいろな市場を物々交換で表現してみる

　世の中にはさまざまな市場があるが、どの市場も、物々交換の見方から描写することが可能である。この講の締めくくりとして、いくつか紹介してみよう。

　まず、人々が働くことをつかさどっている市場を「労働市場」という。労働市場を物々交換の観点から捉え直すと、次のように喩えることができる。

　まず、労働者Aさんを考える。Aさんは、「労働力」というモノを初期保有している、と見なそう。「労働力」はポケットに入っているボールのようなものだと想像してほしい。次に企業の所有者である資本家Bさんを考えよう。Bさんは、ポケットに機械を入れている。

　ここで、Bさんの持つ機械に、Aさんのボールを投入すると、機械からリンゴが生産されて出てくることを空想しよう。この場合の物々交換は、こんなふうになる。

　Aさんは自分のポケットにあるボール（労働力）をBさんに渡す。Bさんはそれを自分の機械に投入してリンゴを生産する。いったん、生産されたリンゴはすべてBさんの所有物になるが、Bさんは、Aさんのボー

ルと交換した結果として、リンゴの一部をAさんに引き渡すのである。Aさんに渡されるリンゴは、労働力を渡した対価であり、「賃金」と呼ばれる。このとき、いくつのリンゴが得られるかが、リンゴで測った労働力の相対価格になるわけだ。このように、労働力をボールのようなモノと見なして、それとモノとを交換する市場が「労働市場」と呼ばれるものなのである。

次にローンの市場を、物々交換で捉えてみることとしよう。私たちは、住宅を購入したり、自動車を購入したりするとき、ローンを利用する。これは、どんな仕組みだと捉えればいいだろうか。経済学では、これを次のような物々交換として描写するのである。

Aさんは新入社員で、今は、初期保有が何もないけれど、10年後には十分な労働力（前述のボール）を保有できる。他方、Bさんは中堅社員で、現時点で十分な労働力を保有しているとする。そして、Aさんは、今すぐにリンゴを消費したいが、Bさんは今ではなく、将来にリンゴを消費したいと考えている。

このとき、Bさんが自分の労働力と交換に得たリンゴを、Aさんに渡し、その代わり10年後に20％増やしてリンゴを返してもらう契約をする。AさんはBさんから得たリンゴを消費し、10年後に自分の労働力と交換に得たリンゴから、Bさんに約束した分（20％増やした量）を返すのである。

これをかいつまんでいうと、Bさんの現在のリンゴ

とAさんの10年後のリンゴとの「時間差での物々交換」となっているわけだ。この背景には、AさんとBさんの選好の違いがある。Aさんは、将来の1.2個のリンゴの消費よりも今の1個のリンゴの消費をより好んでおり、Bさんは逆なのである。このような選好を「時間選好」と呼ぶ。この選好の違いによって、物々交換が成立するわけだ。

この交換が面白いのは、双方ともリンゴを差し出し、リンゴを受け取っていることである。しかし、異なる日時のリンゴだから、異なるモノと捉えられている。そして、この場合、利子（20％）を増やした量は10年後のリンゴと現在のリンゴとの相対価格を意味するのである。

このような物々交換の観点からは、「貿易」は非常に単純なものと映るだろう。例えば、A国はリンゴのみを生産しており、B国はミカンのみを生産しているとする。このとき、A国とB国でリンゴの一部とミカンの一部を交換すれば、両国とも二つの果物を消費できるのだから、両国にとって好ましいことである。貿易とは単に、二国間での物々交換をしているにすぎないのである。

にもかかわらず、しばしば貿易が国際問題になるのは、双方の国で同じモノを生産しているからだ。例えば、A国は、リンゴとミカンを両方生産しているとしよう。すると、A国のリンゴの所有者は、自国内のミカン所有者とも、B国のミカン所有者とも交換が可能

となる。もしもB国のミカン所有者のリンゴに対する選好のほうが、国内のミカン所有者のそれより強いならば、B国のミカンの相対価格のほうが安くなる。A国のリンゴ所有者はB国の人とばかり交換することになり、A国のミカン所有者は、リンゴを得られなくなってしまう。これは、現実的には、A国のミカン生産者の失業を意味する。貿易は、このように国内の特定の産業を潰してしまう可能性があり、それが摩擦の原因となる、というわけなのだ。

　以上の説明で、お金を無視して、実物経済を考えることの意義が少しは伝わったのではないか、と思う。経済の本質とは、お金ではなくモノなのだ。にもかかわらず、お金は私たちの世界を支配している。このお金とモノとの相克を理解することが、経済を理解するために重要なのである。

　次講では、これを受けて、お金の経済（貨幣経済）に戻ることとしよう。

第3講
お金はなぜ必要か

物々交換には限界がある

　前講では、経済とは究極的には物々交換である、ということを解説し、それをバーチャルな形式でシミュレートした。交換の根底にあるのは、人々が基本的に自分の生み出せるモノだけでは最高の満足は得られないことから、所有物を交換することでもっと良い消費を実現する、ということだった。それが経済の営みなのである。

　しかし、実際には、世の中で物々交換をする姿はほとんど見かけない。それはもちろん、物々交換にはさまざまな不都合があるからだ。

　第一にあげる不都合は、「物々交換では、微細な交換比率を実現できない」ということである。例えば、リンゴ1.23個とミカン2.57個なら交換が可能であるような場合、リンゴやミカンをこのような大きさに切断することは難しい（傷んでしまう）ので、比率として実現するしかないだろう。つまり、リンゴ123個とミカン257個を交換するのである。しかし、このような交換はまったく現実的でない。

　第二にあげる不都合は、物々交換においては、自分が現在所有している分の価値をそのまま目減りすることなく保つことが難しい、ということだ。例えば、リンゴを100個保有している人は、現在ならリンゴ100個と同じ交換価値を持つ（相対価格である）モノを物々交換によって手に入れられるが、それを保留して

いると、時間の経過とともに、リンゴの一部は腐って価値を失ってしまう。だから、数日すると、自分の保有している価値は、例えば、リンゴ80個分に目減りしてしまうだろう。これは困る。

第三にあげる不都合は、最も深刻である。それは、「3人以上の消費者がいると、パレート改善な配分が存在しても、それが物々交換によっては実現されないかもしれない」という点である。

欲望の二重の一致

第三の不都合を理解してもらうために、簡単な例を提示しよう。

次のような選好を持つAさん、Bさん、Cさんを考える。

Aの選好順位：チーズ$>_A$ワイン$>_A$肉
Bの選好順位：肉$>_B$チーズ$>_B$ワイン
Cの選好順位：ワイン$>_C$肉$>_C$チーズ

Aさんはワインを保有しているが、チーズをそれより好み、肉はそれより好まない。Bさんはチーズを保有しているが、肉をそれより好み、ワインをそれより好まない。Cさんは肉を保有しているが、ワインをそれより好み、チーズはそれより好まない、とする。

この場合、どの2人についても、物々交換は成立しないのである。

欲望の二重の一致の欠如

⟶　可能　　Aさん
┄┄⟶　不可能　　所有：ワイン
　　　　　　　選好：チーズ≻$_A$ワイン≻$_A$肉

Bさん　　　　　　　　　　　　Cさん
所有：チーズ　　　　　　　　　所有：肉
選好：肉≻$_B$チーズ≻$_B$ワイン　選好：ワイン≻$_C$肉≻$_C$チーズ

　例えば、AさんとBさんが交渉をしたとしよう。Aさんは所有しているワインよりBさんのチーズのほうを好むので交換を申し出るが、Bさんは所有しているチーズのほうがAさんのワインより好ましいので、交換には応じない。したがって、AさんとBさんの間の物々交換の交渉は破談となる。同様にして、BさんとCさんの間でも、また、CさんとAさんの間でも、交渉はうまくいかない（読者が確認してほしい）。この関係は上図にまとめてあるので眺めてほしいが、要するにじゃんけんのような「三すくみの関係」になっている。

　しかし、どの2人の間にも交換がうまくいかないからといって、パレート改善になる状態（＝誰も犠牲にせず、1人以上がハッピーになる状態）が存在しない、というわけではない。実際、強制力を持つ権力者（神様とか、帝王とか、中央政府とか）が、いったん3人から三つのモノを没収して、チーズをAさんに、肉をBさんに、ワインをCさんに強制的に移転すれ

ば、結果として、3人とも前より好ましい消費を実現できる。つまり、パレート改善が達成できるのだ。図に描かれた例では、このようにパレート改善になるような状態があるにもかかわらず、一対一（相対）の物々交換の積み上げではそれが実現できないのである。

　このような状態を経済学では、「欲望の二重の一致の欠如」と呼ぶ。物々交換の交渉がうまくいくには、「欲望の二重の一致」というのが必要なのだ。
「欲望の二重の一致」とは、俗に言う「win-winの関係」、つまり、両者の利害の一致のことである。物々交換がうまくいくためには、両者の利害が一致していて、双方ともが欲望を満たせなければならない。「欲望の二重の一致」が欠如している場合は、交渉が決裂するのである。

　例示したのは、どの2人に対しても、「欲望の二重の一致」が欠如していて、2人の間ではパレート改善ができないにもかかわらず、集団全体としては、パレート改善が存在するような状態である。このような場合、社会はもっとよい状態があるにもかかわらず、二者の物々交換という方法ではそれを実現することができない、という深刻な事態に遭遇することになる。

「お金」の便利さ

　物々交換にまつわる不都合を三つ紹介したが、これらすべてを解消するために発明されたものが、まさに

「お金」なのである。

　まず、お金を使えば、かなり微細な交換比率でも簡単に実現できる。

　例えば、リンゴとミカンの1.23と2.57の交換比率を実現したいならば、リンゴの価格を257円（1円コイン257個分）、ミカンの価格を123円（1円コイン123個分）とすればいい。そうすれば、リンゴ1個を買った人は、代わりに257個のコインを手放し、ミカン1個を買った人は、代わりに123個のコインを手放すことになる。この価格なら、リンゴ1.23個（1.23×257円）とみかん2.57個（2.57×123円）が同じ価格のモノとして交換される。

　また、所有している価値をそのまま将来に保持することも簡単になる。例えば、リンゴ100個を持っていたら、それをいったん100×257＝25700円分のお金（コインや紙幣）に換えておけば、腐って目減りしてしまうことはない。

「欲望の二重の一致の欠如」の中で交換を実現することに関しては、劇的でさえある。まず、1枚の肖像画の描かれた紙（お札）があり、Aさん、Bさん、Cさんともに、「1枚のお札なら、必ず、ワイン、チーズ、肉のどれとも交換可能である、と信じている」としよう。今、Aさんがワイン以外に、1枚のお札を持っていると仮定する。すると、お札を使った交換が実現されることになる。

ステップ	1	2	3	4
A	ワイン / お札	ワイン / チーズ	ワイン / チーズ	お札 / チーズ
B	チーズ	お札	肉	肉
C	肉	肉	お札	ワイン

　図を見てみよう。まず、Aさんのお札とBさんのチーズが交換される（ステップ1→2）。次に、Bさんのお札とCさんの肉が交換される（ステップ2→3）。最後はCさんのお札とAさんのワインが交換される（ステップ3→4）。そうすると、最後のステップ4では、3人とも自分が最も消費したいものを手に入れている。

　ここで注目してほしいのは、ステップ1とステップ4を比較すると、お札についてはAさんの所有であることに変わりはなく、しかし、全員が欲しいモノを手にしていることである。つまり、お札は単に交換を仲介しただけで、最後にはAさんの元に戻っている。お札に関しては誰も損をしたり得をしたりしていない、ということである。

　プロセスを見ずに、ステップ1とステップ4だけを見比べると、それこそ「見えざる手に導かれる」（33ページ）ように、各自の欲しいモノが突然、自分の所有物と交換に出現したように見える。

　注意してほしいのは、「Aさんのお札とBさんのチーズが交換される」場合において、2人の動機が異な

っていることだ。Aさんは単に、チーズを消費したいから交換に応じている。しかし、Bさんの動機は違う。Bさんは「お札を消費したい」ということで受け取ったわけではない。

実際、お札とは単なる肖像画の描かれた紙切れだから、消費することはできない（食べられないし、燃やしても暖まれないだろうし、鑑賞に堪えうるものでもない）。Bさんがお札を受け取るのは、自分が欲しいもの（肉）と交換できる事実を「信頼している」からである。つまり、それ自体が欲しいからではなく、「戦略的」に受け取っているのである（戦略的、については28ページも参照）。実際、Cさんと取引するときに、その思惑を果たし、自分の欲する肉を手にすることとなった。

海底の石貨

「お金」というのは、「みんなが信頼している」という形の「社会的な文脈」の上で機能していると言っていい。お金とは、それ自体には物的な価値がなく、単なる「象徴的」な存在として機能する。このことを示す面白い例として、「ヤップ島のお金」を紹介しよう（マンキュー『マクロ経済学Ⅰ』参照）。

太平洋に浮かぶヤップ島という小島における交換手段は、フェイと呼ばれる石の輪であり、中には直径12フィート（約3.6メートル）に及ぶものもあるという。つまり、ヤップ島のお金は石貨なのである。

石貨は重くて持ち運びに不自由するので、次第にその所有権だけが移動するようになった。そして、最後は究極的な事態に陥った。嵐によって石貨が海に沈んでしまったのだ。しかし、これは不慮の事故と見なされ、所有者の所有権は保持された。その後は、海底にある石貨の所有権だけが交換されることになったのである。数世代を経ると、もう誰も石貨を見たものはいなくなった。しかし、相変わらず、その所有権はお金として機能し続けたのだそうだ。

　このエピソードは、まさに、お金が実物としての意味はなく、「象徴」や「社会的文脈」でしかないことを物語っている。

ハイパーインフレとデフレ

「お金」は、その信頼の上に機能する。したがって、その信頼が損なわれれば、「お金」は1枚の紙に戻ってしまうこともありうる。

　そうなると、誰も「お金」を受け取ろうとしなくなるので、お金の交換価値は猛スピードで低下していってしまう。逆から見ると、モノのお金に対する相対価格（物価）がとんでもないスピードで上昇することを意味する。これをハイパーインフレーション（略してハイパーインフレ）という（1ヵ月で50％以上上昇するものをハイパーインフレと呼ぶ定義が存在するようだ）。

　ハイパーインフレのもとでは、お金の交換機能が損

なわれるため、物々交換が円滑に行われなくなり、経済活動が妨げられる。ハイパーインフレは歴史上ときどき起きており、1970年代から90年代にブラジルやアルゼンチンなどで、その後もユーゴスラビアやジンバブエなどで起きている。ハイパーインフレのもとでは、レストランの食事代を両手一杯の札束で支払うようなことになる。

　他方、人々が「お金」を戦略的に利用するのではなく、「お金」の保有自体に快楽を得てしまうことも起こりうる。これは、専門的には、「貨幣愛」などと呼ばれる現象である。

　こうなると、同じように、モノの生産や交換が妨げられることになる。この場合、人々は「お金」をできるだけたくさん、できるだけ長く手元に置きたい、という願望を抱くので、モノの「お金」に対する交換価値は低下する。つまり、モノのお金に対する相対価格（物価）が継続的に低下していく。これをデフレーション（略してデフレ）と呼ぶ。

　デフレは、一般に、経済活動の停滞（不況）を伴う。人々が消費よりもお金の保有を好むからである。デフレは、歴史的に稀にしか起きないが、日本では1990年代から継続的なデフレに見舞われており、歴史的に珍しい経験を余儀なくされている（貨幣愛によるデフレについては、拙著『使える！経済学の考え方』の第6章などを参照のこと）。

所得と金融資産

さて、お金を用いた交換の例をもう一度見直してみよう。

「Aさんのお札とBさんのチーズが交換される」ことを、日常の表現で言うと、「AさんがBさんからチーズを購入した」ということになる。「モノを買う」とは、「モノとお金との交換」のことなのである。

詳しく言うと、Bさんがチーズを売ることで得たお札1枚分を、経済学では「所得」と呼ぶ。つまり、Bさんは、チーズの販売でお札1枚分の所得を得て、その所得を使って肉を購入したわけである。これはCさんについても同じで、Cさんは肉を販売して得た所得を使って、Aさんからワインを購入している。

Aさんの場合は、他の2人とは少し意味合いが違っている。Aさんは、最初から持っていたお札を使って、チーズを購入している。最初から持っているお札は、「金融資産」と呼ばれる。つまり、Aさんは「金融資産」を使ってチーズを購入し、最後にワインを売って所得を得たわけである。

しかし、Aさんについても、購入と所得の順序を入れ替えれば、ワインを売って得たお札1枚分の所得によってチーズを購入した、と考えることもできる。このように考えれば、Aさん、Bさん、Cさん全員について、お札1枚分の所得とそれによる購入によって交換が完成した、と見なすことができる。そのプロセスを仲介したものが、1枚のお札という金融資産なので

ある。このように見れば、Aさんを特別扱いすることなく、スタートラインがどこかを考えることなく、どの個人も対称性を持って扱うことができる。

実は、私たちの経済は、これを大規模化したものと考えればいい。自分の労働力が生み出した商品を売り、所得を得て、それによって自分の消費したいモノを購入するのである。物々交換は効率が悪いので、その交換の仲介に金融資産を使う。仲介をする金融資産で最も一般的なモノがお金である。私たちは、お金↔モノという交換を連鎖させることで、結局は物々交換を達成するのである。

しかし、金融資産はお金だけとは限らない。政府が国民から借金する際の借金札である国債、会社が借金する際の借金札である社債、会社に出資したことを保証する株券など、さまざまな金融資産がある。これらの金融資産も相互に交換（売買）されている。

国債もお金に準ずるもので、お金と類似した働きをするものだと見るなら、近年EU諸国で起きている国債の危機（ソブリン危機）が、経済活動を揺るがす事件である理由もわかるだろう。ソブリン危機とは、ある国の発行した債券が不渡りになる、つまり、借金を踏み倒してしまう懸念から、国債の価格が暴落することである。つまり、国債に対する信頼が崩れて、国債が交換価値を失うのである。こうなると、経済に大きな混乱が起きる。

お金は必要から自然発生した

　お金は、今では、中央銀行（日本では日本銀行、アメリカではFRB）が発行する紙幣となっているが、これはつい最近のことであり、今の形になるまでは、さまざまな実物財が使われてきた。

　古代には、特定の石が使われていた、ということはヤップ島の例でもわかる。また、宝飾物も利用された。時代を経ると、特定の金属が使われるようになった。代表的な物は、銅、銀、金である。金属を使う理由は明らかであろう。金属なら、細かく分割することによって細かい交換比率を表現することができる。また、腐食や摩耗が少ないため、価値の保存にも適している。

　歴史をひもとくと、アメリカでは南北戦争までは金と銀の両方が流通していたようだ。つまり、お金が2種類存在したのである。1890年代には、金銀の交換比率に関して、利害の対立が発生し、大きな政治問題になっている。余談だが、ボームの『オズの魔法使い』は、これを皮肉った物語なのだそうだ（クルーグマン『国際経済学』下巻を参照）。

　貴金属ばかりでなく、王や富裕な商人の発行した借用証書などもお金の代わりとして流通した。

　要は、これまでに解説したように、「みんなの信頼」があれば、どんな物でもお金になりうるのである。「銀ならみんな欲しいだろう」とみんなが思うなら、銀はお金になる。ある商人の借用証書を、みんな

が「絶対に不渡りにならない」と信じていて、しかも、「誰もがそう信じているから誰でも受け取るだろう」とみんなが信じているなら、その借用証書はお金となりうるのである。

お金が自然発生するあり方について、ジョーン・ロビンソンという経済学者が、『異端の経済学』という本で、とても面白い喩え話をしているので紹介しよう。それは、「収容所の経済学」と呼ばれるエピソードである。

今、収容所の捕虜たちについて考えよう。彼らには、月に一度、国際赤十字から小包が届くとする。小包の中身は、すべて同じで、石けんやタオルやタバコや下着などが同じ量だけ入っている。

捕虜たちは小包を開いたあと、中身を吟味し、自分にとってあまり価値のないモノをもっと欲しいモノと交換しようとする。その際には、きっと、タバコが仲介の役割を果たすようになるだろう。なぜなら、タバコが一番、交換比率を微細に表現できるものだからだ。また、喫煙者が多いなら、受け取りを拒否されたら自分で消費してしまえばいい、という安心感もある。そして、誰もがそう信じているから、たいてい受け取ってもらえるだろうと推測する。タバコはお金たりうる性質を十分に備えている。

したがって、捕虜たちは、「石けんは、タバコ何本分」「タオルは、タバコ何本分」という具合に、タバコによって相対価格を表現して、いったんすべてのモ

ノをタバコと交換するだろう。面白いのは、この際、非喫煙者であっても、とりあえずタバコを受け取ることである。この人は、タバコを、消費するためにではなく、交換のためのお金として受け取るのである。

やがて、もう交換によってこれ以上よい消費を実現できなくなった段階で、交換は終了する。収容所の経済は、こんなふうに、タバコをお金として利用して営まれる、とロビンソンは言っている。

さて、このような収容所の物々交換を、第2講で紹介した渋谷の少女たちの福袋の物々交換と比較してみるとどこが違うだろうか。少女たちの洋服の交換は、一対一（相対）交渉によって行われるので、「欲望の二重の一致の欠如」によって、うまくいかないことも多いだろう。だから、一番欲しいモノを手に入れるまでに、相当な時間と手間がかかる。

それに対して、収容所の物々交換は、タバコをお金として利用することによって、ずっとスムーズに最適な状態が達成されることが想像される。これこそがまさに、お金の面目躍如である。

お金はどうしてお金と認められるのか

「収容所の経済学」では、タバコがお金の役割を果たすのが自然だ、ということを説明した。多くの読者は、このことに納得するだろう。では、どんなモノがお金になり得て、どんなモノがなり得ないのだろうか。そもそも、どうやって、人々はお金を認めるのだ

ろうか。

　例えば、あなたが店員で、あなたの店に来たお客がどこかの国の見たこともない紙幣を差し出したとしたら、あなたは受け取るだろうか。きっと受け取らないはずだ。その人が「これは、○○国の正真正銘の紙幣です」と言って、その人が信用できる人物だとしても、あなたは受け取らないだろう。なぜなら、他の人もそう信じてくれるとは考えられず、受け取ってもらえないに違いないからだ。つまり、その紙幣は、日本ではお金の役割を果たすことはできない。

　日本史の専門家・網野善彦によれば、中世の日本には、中国からお金（銅貨）が大量に持ち込まれたが、全く流通することはなかったそうだ。なぜだか、神社の地面に埋められたまま放置され、後にそれが掘り起こされて見つかったとのこと。

　このように、たとえそれがどこかの場所でりっぱにお金として利用されていても、別の場所でもお金として利用される必然性はない。そしてそれは、利用する金属などの属性とも無関係である。

　他方、単なる１枚の紙にすぎない米ドルは、現在、ほとんどの国で利用可能である。日本でも、町なかでは無理にしても、商取引でなら受け取ってもらえる可能性が高い。

　このように、何がお金として使われるか、ということは非常に難しい問題なのである。かなりあらっぽく言うと、「みんなが認めたモノ」がお金として流通す

るのだ。では、「みんなが認める」とは、いったいどういうことなのだろうか。

　ジンメルという社会学者は、「お金はなぜお金として認められるか」ということについて深く考えた。ジンメルの結論は、おおまかにまとめれば、こうである。

　お金は、実際に安定的に流通している。だから、人々はお金を受け取ってもきっと、それで欲しいものが買えるだろうと推論する。そして、人々がそう考えることが、まさにお金を受け取ってもらえる素地を作り、それがお金の安定的な流通性を保証する——。

　つまり、お金がなぜお金なのか、というのは、ある種の循環論、どうどう巡りの議論だというのである。

　こう聞くと、読者の多くは、ジンメルの議論を非常にばかばかしい屁理屈と思うかもしれない。しかし、実はそうではない。ジンメルの議論をきちんと数理的に表現することが可能なのである。次項では、それを解説しよう。

清滝‐ライトの貨幣理論

「お金がなぜお金たり得るか」という問題に関する、ジンメルのどうどう巡りの議論は、最近になって、サーチ理論という最新の経済学を使って、数学的なモデルに仕立てられた。それを成し遂げたのが、日本人の経済学者・清滝信宏とアメリカの経済学者ランダル・ライトである。この項では、この清滝‐ライトのモデ

ルについて、簡単な例での解説を試みることにする。ただ、この部分は、本書の中で最も込み入った議論のひとつである。なので、苦手な読者はスキップしてもかまわないが、流し読みでもいいから議論の道筋だけでも眺めると、得るものは大きいと思う。

もう一度、85ページで解説したAさん、Bさん、Cさんによる物々交換の例を持ち出そう。この例では、お金が導入されない段階では、「欲望の二重の一致」が欠如しているために、物々交換が不可能であり、パレート改善（＝誰も犠牲にしないで少なくとも1人はよくすること）が不可能であった。しかし、Aさんが1枚の紙切れであるお金を持っているなら、お金を仲介役にして、物々交換が達成されることになった。

この例では、少しごまかした部分がある。それは、「1枚のお札なら、必ず、ワイン、チーズ、肉のどれとも交換可能である、と信じている」と仮定した部分である。仮定なのだから、あそこではこれ以上説明を要しなかったが、よくよく考えると、この「信じている」とは何だろうか。なぜ、どんな理由で、「信じている」のだろうか。清滝－ライトは、このことをもっと厳密に考えてみたのである。

まず、選好について、ちょっとだけ設定を変更しよう。

いま、世の中には、三つのタイプの人が同数いるものとする。Aタイプの人は、チーズを消費すると快楽を得られるが、ワインと肉は消費しない。Bタイプの

人は、肉を消費すると快楽を得られるが、ワインとチーズは消費しない。Cタイプの人は、ワインを消費すると快楽を得られるが、肉とチーズは消費しない、というふうに仮定を変更する。

さらに、Aタイプの人は、ワインを生産することができ、Bタイプの人はチーズを生産することができ、Cタイプの人は肉を生産することができる。どのタイプの人も、交換によって、自分の消費するモノを入手したら、即座にそれを消費し、快楽を得て、自分の生産物を再び生産する、と仮定する。つまり、誰もが、自分の生産物を自分の消費するものと交換しないと快楽を得られないような設定になっている。

最初の状態は、次のように設定されているものとする。すなわち、1枚のお札だけを持っている人（モノは何も持っていない）が全体のmの割合だけいて、残りの$(1-m)$の割合の人は、ワインかチーズか肉のいずれか1単位を持っている、つまり、Aタイプならワインを、Bタイプならチーズを、Cタイプなら肉を1単位持っている。各タイプの割合はすべて$(1-m)/3$である。

各自は、道をうろうろ歩いていると、他の誰かとばったりと出会う。誰と出会うかは、確率的であり、それはタイプの存在数の比に比例している。つまり、お金を持っている人と出会う確率はmであり、モノを持っている人と出会う確率は$(1-m)$である。また、モノを持っている人と出会った場合、その人がワイン

を持っているか、チーズを持っているか、肉を持っているかは、それぞれ３分の１ずつである（各確率は$(1-m)/3$）。

　交換をする際、モノを受け取る側に多少のコスト（疲れるとか、不快感があるとか、めんどくさいなど）がかかるものとする。そのコストは、１単位のモノの消費で得る快楽よりは小さい（コストも快楽も数値で表せ、前者はマイナス、後者はプラスとする。そして足し算できるものとする）。この仮定があるので、人々がモノを持っている相手と出会った場合、相手の持っているモノが消費したいモノなら交換に応じるが、それ以外のモノとは決して交換しない（消費しないものと交換することに快楽はなく、コストだけがかかるから）。これからわかることをまとめると、

　（相手の持っているモノ）　　（自分の戦略）
　自分の消費したいモノ　　→　必ず交換に応じる
　自分の消費しないモノ　　→　絶対交換に応じない
　お金　　　　　　　　　　→　　　？

となる。この「？」の部分を解明するのが、このモデルの目的である。

　それでは「交換するかしないか」という方針（戦略）を何で表現するか。このモデルでは「確率」を使う。つまり、相手がお金を持っていて自分が相手の欲しいモノを持っているときに、「交換に応じる確率

p」をあらかじめ決めておく、ということだ。pを決めることが戦略ということである。

　例えば、戦略を「$p=1$」と決めた場合は、自分の持っているモノを相手が欲していて、その相手がお金を持っていたら、相手からは必ず交換を申し出られるが、そのとき自分も必ず交換に応じる（つまり、確率1で応じる）、ということを意味する。逆に、戦略を「$p=0$」と決めた場合は、絶対に交換に応じない。また、戦略を$p=0.5$と決めた場合は、心の中でコインを投げ、表が出たら応じ、裏が出たら応じない、ということだ。

　まとめると、

（相手の持っているモノ）　　　（自分の戦略）
　自分の消費したいモノ　→　必ず交換に応じる
　自分の消費しないモノ　→　絶対交換に応じない
　お金　　　　　　　　　→　確率pで交換

ということである。

　人々が、戦略としての確率pを決めたら、それに応じて、その人がこの物々交換ゲームで得られる得点（快楽＋コスト）が決まる。もちろん、どんな相手と出会うか、自分が確率pでランダムにふるまうことでどんな結果がもたらされるか、そして、他の人たちがどんなpを選んでいるか、に応じて、行く末にはさまざまな可能性の枝分かれ（道筋、ストーリー）がありう

る。だから、それらの分岐するたくさんの枝分かれでどんな得点を得られるかに、その枝が生じる確率を掛け算して、枝ごとに合計したものを指標に、戦略の善し悪しを測らなければならない。これを（得点の）確率的平均値と呼ぶ。つまり、各人は、この確率的平均値Vが最大になるように、お金を受け取る確率pを決める、というわけなのだ。

このVは、具体的に計算できるものなのだが、ここではわざわざ与えない。なぜなら、実際にVを計算しなくとも、確率pがどう選ばれるかは、論理だけで直感的に導出できるからだ。では、その導出をやってみよう。

均衡を導出するロジック

ここで、重要な仮定を一つ置く。それは、選ばれる確率p（お金を受け取る確率）は、すべての人に共通である、という仮定である。この仮定を置かないと、つまり、各人各様にいろんな確率pを使っているとすると、分析が異様に難しくなり、そのうえ、なんだかわからない混迷したバランス状態が導出される可能性がある。お金という社会的な存在に対し、各人各様な受け取り方がある、というのも、考えられないわけではないが、相当に奇妙な状態なので、そういう状態は排除して考えよう、ということである。

そういうわけで、今、各人の選ぶ確率p（お金を受け取る確率）は同一であると仮定して話を進める。その

うえで、バランスがとれた状態（経済学では「均衡」と呼ぶ）がどういうものかをさぐってみよう。

　まず、pが3分の1より大きい場合を考える。つまり、各人がお金を受け取る確率が、各人がモノ（ワインかチーズか肉）を持つ相手と出会った際にそのモノを欲する確率3分の1より大きい場合である。

　この場合、各人は「必ずお金を受け取る（$p=1$）」という戦略をとったほうがいいと結論される。つまり、$p > 1/3$であるような均衡は$p=1$しかない、ということである。どうしてか。それは、どんな相手と出会っても、お金を保有しているほうがモノを保有しているよりも不利にならないからなのだが、以下、順を追って説明する。

　交換の相手で分類して考えよう。

（a）自分の消費したいモノを保有している相手と出会った場合。
（a-1）自分がお金でなくモノを保有しているとき。
　相手が自分の所有物を欲する確率は3分の1である（どのタイプも均等に存在するから）。つまり、相手から自分の欲しいモノを得られる確率は3分の1となる。
（a-2）自分がお金を保有しているとき。
　相手がそれを受け取ってくれる確率はpで、今、それは3分の1より大と仮定している。したがって、相手から自分の欲しいモノを得られる確率は3分の1よ

り大となる。

（a-1）と（a-2）を比較すると、（a-2）のほうが有利である。したがって、自分の消費したいモノを保有している相手と出会った場合には、お金を保有しているほうが有利と結論される。

（b）お金を保有している相手と出会った場合。

この場合は、（b-1）自分がモノを保有しているほうがいいか、（b-2）お金を保有しているほうがいいかは、にわかには判断ができないが、こう考えてみると見当がつく。

仮にモノを保有していたほうが有利だとすると、それは相手が相手のお金との交換を申し出るからに他ならない（そうでないなら、交換が生じないので、自分がモノを持っていようがお金を持っていようが無関係である）。しかし、このとき、自分が交換に応じないならその有利さが無意味になってしまうので、交換に応じお金を受け取るはずだろう。ここでお金を受け取るのは、そのほうがそれ以降にメリットがあるからである。

ところで、お金を受け取ることでは、現在の（消費による）快楽は得られない。とすれば、お金を受け取るメリットは、将来に消費できる確率を高める、という意味での「戦略的」なものでなければならないはずだ。つまり、その有利さは、「お金の保有者となること」そのものにある、と言える。しかし、これは

(b-1) モノを持つほうがいい、という仮定に矛盾している。つまり、(b-1) が (b-2) より有利なことはありえない。

(c) 自分の欲しくないモノを保有している相手と出会った場合。

この場合は、交換をするとコストの分だけ損をしてしまうから、絶対に交換をしない。ということは、モノを持っていようがお金を持っていようがどちらでも同じである。

以上 (a) (b) (c) の三つの場合を総合すると、(a) では、お金を保有していることがモノを保有しているより有利で、(b) では、お金を保有することはモノを保有するより有利かあるいは同等であり、(c) ではどちらでも同じ、となる。まとめると、お金を得られるチャンスがあるなら、そのときはお金を得たほうが得、ということが結論できる。

ということは、p が 3 分の 1 より大きいときは、自分は「必ずお金を受け取る」—「お金を受け取る確率は 1」を戦略にする。p は全員に共通であったから、これは $p=1$ を意味する。つまり、p が 3 分の 1 より大きい場合で、バランスがとれた状態(均衡)は、「全員がお金を必ず受け取る」状態のみ、ということになるのである。

確率 p が 3 分の 1 より小さいときは、今の論理がす

べて逆転する。したがって、pが3分の1より小さい場合で、バランスがとれた状態（均衡）は、$p=0$、すなわち、「全員がお金を受け取らない」状態のみだ、ということになる。

　また、pがちょうど3分の1の場合は、これそのものがバランスのとれた状態になる。全員が確率3分の1でお金を受け取るなら、モノを保有していてもお金を保有していても、戦略的な有利さは同じだからである。つまり、$p=1/3$が三つ目のバランス状態となる。

お金が流通する世界、しない世界

　以上の分析によって、お金に関して、三つのバランス状態があることがわかった。

　第一は、「全員が必ずお金を受け取る」バランス状態。第二は、「誰もお金を絶対受け取らない」バランス状態。第三は、「全員が、お金を、3分の1の確率で受け取る」バランス状態である。

　第一のバランス状態にある社会が、「貨幣経済」と呼ばれる社会であり、私たちの暮らす社会である。第二のバランス状態が、「物々交換経済（実物経済）」と呼ばれる社会。第三のバランス状態は、その中間の状態で、お金の信頼が中途半端になっており、物々交換と貨幣経済が混在している状態である。これは、終戦直後の混乱期の日本や、社会主義の末期に観測された特異な状態と言っていいだろう。

　第一と第二のバランス状態において、お金がどんな

意味を持っているのかを、解釈し直してみよう。

　第一のバランス状態において、人々はどういう理由でお金を受け取るのだろうか。それは、まさに、他の人が高い確率でお金を受け取ってくれるからである。モノを持ったままだと、たとえ相手が自分の欲するモノを持っていても相手が自分の持つモノを欲してくれていなければ、交換は成立せず、自分の欲しいモノは手に入らない。これがまさに、「欲望の二重の一致」が欠如した状態である。

　しかし、お金なら相手は高確率で受け取ってくれるから、自分はモノよりもお金を持ったほうがいい、と判断される。これはすべての人にとって同じだから、相互にお金を受け取る確率を高くしていって、やがて、全員がお金を必ず受け取る状態が実現されるのである。このとき、各人の「お金を受け取る理由」は、まさに、「他人が受け取るから」となる。つまりは「相互依存的」なのである。

　第二の状態はまったく逆の状態である。お金を持っていても他の人が受け取ろうとしないので、それならまだモノを持っていたほうが交換成立の確率が高いから、モノを持ってしまう。こうして、お金を受け取る確率がじりじりと低まって、やがて、誰もお金を受け取らない状態に陥り、ただの紙切れに戻ってしまう。このとき、各人の「お金を受け取らない理由」は、まさに、「他人がそうしているから」であり、やはり、相互依存的である。

以上を総括すると、お金が流通するかしないかは、本当に微妙なコンディション、「信頼」という社会的な相互依存関係の問題であることがわかるだろう。このことは、2000年に発行された二千円札が全く流通しなくなってしまったことからもわかる。自動販売機が、二千円札に対応するように機種変更をしなかったため、「自動販売機では使えない」というわずかな不便さから、人々は二千円札を受け取るのを拒否するようになったのである。このとき、自販機以外での利用も阻害されたのが面白いところなのだ。自販機が受け取らない可能性が、ほとんどの人が受け取らない帰結をもたらした、ということだ。

　以上のように、お金の流通は人々の信頼を基にしているから、中央銀行は、お金の信頼が揺らいで社会が混乱しないために、それをきちんと保持しなければならないのである。

貨幣経済の問題

　ぼくは、この清滝‐ライトの論文を読んだときは、非常に興奮した。なぜなら、「開講の前に」で書いたように、宇沢先生の講義で経済学に目覚めたわけだが、そのとき最も興味を持ったのがケインズのお金に関する考え方についてだったからだ。

　ケインズは、お金の働きについて深く考えた経済学者だった。実際、『貨幣改革論』とか『貨幣論』とか『雇用、利子および貨幣の一般理論』などの著作を書

いている。これらの研究の末に、ケインズは、不況や恐慌の背後には、人々のお金に対する執着がある、という見解を持つに至ったのである。ケインズは、不況や恐慌は貨幣経済の問題であると考えたのだ。

ケインズの考え方に興味を持ったぼくは、大学院入学以前にも、ジンメルの理論などに触れていた。しかし、大学院で受けた経済学の講義では、貨幣の話はあまり深く扱われなかったのでけっこう落胆した。

そんな中、ゲーム理論を専門とする松井彰彦さんの東大大学院での私的なセミナーに参加する機会を持った。このセミナーがぼくの経済学者としての方向性に最も影響を与えるものとなった。この松井セミナーで、お金の働きに関する最新の論文をいくつも読んだ。その中に、清滝－ライトの論文とその拡張も含まれていたのである。清滝－ライトの論文を読んだ瞬間、それがジンメルの言いたかったことを数学的にみごとに表現したものであることを悟った。ジンメルの表現だけを読めば、それはどうどう巡りの議論にすぎないように見えるが、このように数学的に表すことができれば、そうではないことがわかる。

実際、清滝－ライトの議論は、ジンメルよりも多くの情報を含んでいる。快楽、コスト、確率をパラメータとして持っているからだ。彼らのモデルでは、コンピュータでシミュレーションをすることが可能である。そうすれば、どのようなモノとどのような人数とどのような出会いの確率から、どのくらいのスピード

で最終的な消費に至るかを数値的に求めることができる。これは、ジンメルの文系的な表現ではとうていかなわないことである。

　この程度の粗いモデルでも、次のようなことがわかる。それは、経済活動というのが一枚岩でなく、ずさんな政策によって、人々の貨幣に対する信認を損なうと、貨幣経済を揺るがしかねない、ということである。

　以上で、私たちは、貨幣経済にたどり着くことができた。したがって、人々へのモノの分配は貨幣を仲介にして行えばいい。残る問題は、価格がどう決まるか、ということである。いよいよ次講で、需要曲線と供給曲線の背後に潜む「見えない動機」を可視化する。それは、オークションのシステムによって描き出されるのである。

第4講
オークションが導く価格

市場取引はなぜ必要か

　第2講で、物々交換をつかさどる人々のモノへの「好み」(＝選好)のことを解説した。人々は、各自のモノへの「好み」に従って、相互により良い消費が実現できるように、モノを交換する、と考えた。

　ただし、物々交換は「大きな社会」ではうまく機能しない。困難は、おおまかには二つである。

　一つは、「欲望の二重の一致」が普通は成立しないため、たとえ多くの人の消費が改善されるような(パレート改善となる)配分の仕方があっても、一対一の交換ではそれがうまく実現されない、ということ。これは第3講で、3人の物々交換の例で説明した。

　もう一つの困難は、物々交換のためには、多くの人が、さまざまな所有物を携えて、一堂に会さなければならず、それはあまりに非効率で非現実的だ、ということである。

　第一の困難については、「お金」の導入によって解決できることを第3講で解説した。しかし、それでは第二の困難は解決しない。清滝-ライトの描く交換経済のシミュレーションを振り返ればわかるように、これでも一対一の取引(ただし、モノと貨幣の交換)が行われているので、さまざまなモノを所有している人たちが一堂に会する必要がある。こういう、さまざまなモノの売り手も買い手も担うような市場は、文化祭とかフリーマーケットのような特殊な状況でしか生起

しえない。社会における一般の市場は、売買されるものは一つの商品で、参加者の役割も売り手は売り手、買い手は買い手だけに限定されている。

さらに、清滝－ライトのシミュレーションに不足していることがもう一つある。それは、商品の価格がどう決まるかがはっきりしない、ということだ。ワインとチーズと肉が、どれでもお札1枚と交換可能であり、したがって同じ価格であることが前提となっている。

残されたこれらの困難、すなわち、単一の商品に価格を付けて売買するという問題を解決するのが、「市場取引」というものである。

ここでいう「市場（マーケット）」とは、「一つの特定のモノを、お金によって売り買いする場所」である。

例えば、生花市場というものが実際にある。これは、花の生産者と花屋さんとが一堂に会し、花だけを売り買いするところだ。そこでの取引には、「オークション（競り）」という方法が使われる。おおまかに言えば、持ち込まれた花に対して、花屋さん同士が駆け引きをして、価格を決めるということである。このような方法で価格が決まるのは、青果市場でも、鮮魚市場でも同じである。

日用品や家電などのように、オークションの場が存在しないように見える商品もある。しかし、これらも、見方によってはオークションで売買されているように解釈できる。そのことについてはおいおい触れ

る。

　オークションとは、市場そのものだと言っていい。本講では、オークションについて、その原理を解説することとしよう。そして、最終的に、このオークションの原理が、ミクロ経済学の一大原理である「需要・供給の原理」につながることを明らかにしたい。

オークションにはどんな種類があるか
　オークションは、昔は、その道のプロだけのものだったが、現在では、ネットオークションなどを中心に、多くの人にとって身近なものとなっている。また、最近のテレビで、チャリティのために有名人の提供したグッズをファンが競り落とす番組なども放映されており、これもオークションの大衆化に一役を果たしているだろう。オークションとは、要するに、特定のモノをそれが欲しい人々が競り落とす駆け引きの総称である。
　オークションには、いくつかのやり方がある。
　まず、公の場で実施され、参加者が互いに他の参加者の提示価格を知ることができる方式を、「公開入札方式」という。これには価格をコールする「競り人」が必要である。この方式では、競り人が値段を安いほうからつり上げていって売り手と買い手の人数を一致させる「イングリッシュ・オークション」と、逆に高いほうからつり下げていって売り手と買い手の人数を一致させる「ダッチ・オークション」がある。

競り人が存在せず他の参加者の提示価格を知ることができない競りの代表的なものは、「封入入札方式」だ。この方式では、参加者各自が自分の出せる値段を他の入札者に知られないように書いて入札する。一番高い価格を書いた人が自分の書いた価格で落札する「ファーストプライス・オークション」と、一番高い価格を書いた人が二番目に高い価格で落札する「セカンドプライス・オークション」とがある。

　セカンドプライス・オークションは奇異に見えるかもしれないが、たった一つしかない商品を複数の買い手が競っていくオークションはこれに近いものと言える。なぜなら、競り落とす人は、最後のライバルが降りたときの価格で品物を手に入れる。最後のライバルが降りる金額は、仮に入札を行った場合に競り落とした人が入札するはずの金額ではない。その人は、ライバルが降りた時点で降りていないのだから、もっと高額を入札できたはずだろう。だから、ライバルが降りた金額は二番目に高い入札金額と見なせるのである。

　封入入札方式には、売り手のほうが価格を入札する「逆オークション」もある。これは、公的部門などが納入事業者を決める際に、最も安い売り価格を入札した業者が落札する、「価格入札」などが典型的なものである。

　以上は、一方の側だけが価格を提示するオークションだが、両方が提示する「ダブル・オークション」もある。例えば、証券市場（株式を売買する市場）では、

売り手と買い手が価格を提示し、先に一致した順優先で取引を成立させていく方式が採用されている。

　これらのオークションには、それぞれに固有の特徴があるが、本書では、最初に挙げた競り人の存在する「イングリッシュ・オークション」と「ダッチ・オークション」についてだけ、そのメカニズムを解説していくことにしよう。これらのオークションが、「需要・供給の原理」を理解するために、もっとも素直な方式だからである。

市場経済とプライステイカー

　競りが行われているのは、限られた商品と限られた人々に対してである。一般のモノの売買は、そのようなプロセスはとっていない。例えば、テレビの売買というのは、家電店で行われる。私たちは、家電店に出向いて、店員の説明を参考に、買うべきテレビを決める。このとき、価格はおおよそ前もって提示されており、価格コールの中で決定するわけではない。

　しかし、長い時間と多くの店舗でこのプロセスを眺めれば、オークションに近いことが起きていることを見てとることができるだろう。実際、テレビ・メーカーの付けた価格が高ければ、消費者はその商品を買わないので、その市況が家電店からメーカーに伝えられ、値下げが交渉されるだろう。すると、値下げ交渉に成功した家電店が、テレビを安売りするため、他の家電店も追従しなければ客を逃すことになる。このよ

うに、多数の店舗での長い時間間隔で見れば、「公開入札方式」と同じプロセスが起きている、と考えられる。

経済学では、このような一般市場のあり方を、抽象的な方法で表現する。それは、「プライステイカー」と呼ばれる市場環境である。「プライステイカー」とは、売買に参加する人々が、自分で価格を決める力を持たず、「外から与えられる価格を受け入れて」売買を行う、というものだ。つまり、市場参加者は、価格に対して受け身の存在であって、価格を自ら自由に操作することができない、と見なすわけである。これは、競り人のコールによって入札を行うオークションシステムを一般化したものと言っていい。

このことは何でもないことのように見えて、経済システムを考えるうえで非常に重要である。実は、このプライステイカーという仕組みがないと、市場取引の最適性が保証されないのだ。本書では解説しないが、売り手または買い手に、価格を自分に都合よく操作する力がある場合（売り手独占、買い手独占と呼ばれる）、市場取引が最適でない可能性があることが知られている。

逆に、プライステイカーのつりあい状態（均衡）が成立しているときの商品の価格は、非常に重要な性質を持っている。今、生産者と消費者が十分たくさんいるとしよう。そのとき、均衡の価格が実現しているなら、その価格で買いたい人が、出荷量とほぼ一致する

だけ存在している。そのとき、この商品の売買に新たに参入したい業者は、この価格を目安に生産を実行し、出荷すればいいのである。この商品が非常に多くの量、出荷されて購入されているなら、新規参入する業者の出荷量は全体から見れば微々たる量となる。したがって、消費者に自然と受け入れられ、購入されることになるだろう。つまり、プライステイカーの均衡価格を受け入れるなら、誰でも市場に参入できるのである。

「開講の前に」で、ぼくが働いた塾について、受講料の設定は「他塾の相場を真似た」と書いたが（13ページ）、これは上記のような意味で必然性のある戦略だったと言える。また、プライステイカー的な環境になっている場合、生産者は価格を受け入れるだけで、自分で付けることはできない。つまり、生産者が戦略的に調整できるのは生産量のほうとなる。したがって、ぼくの塾が、受講料は固定したまま生産量（教室や講習の数）を調整したのは理にかなったことであった。

市場の匿名性

　プライステイカーという仕組みには、もう一つ重要な意味が込められている。それは、「市場の匿名性」と呼ばれる性質である。

　プライステイカーでは、売り手と買い手は間に競り人を挟んでおり、直接交渉をしないことが前提になっている。これは、売り手や買い手が取引相手の顔を見

ずに取引をする、ということに他ならない。このことは、売買には、価格以外のどんな要素も情報として差し挟まないことを意味している。つまり、性別、人種、社会的地位、学歴、貧富、コネのあるなし、といったあらゆる立場が排除されているのである。大胆に言えば、市場取引にはいかなる差別も介在しない、ということなのだ。このことが、経済活動を活発化させる大きな要因になるであろうことは容易に想像がつくだろう。

　これについて、松井彰彦さん（111ページ参照）が非常に面白い例を挙げている。童話『手ぶくろを買いに』は、ご存じのように、母ぎつねが、子ぎつねの片手だけを人間の手に化けさせて、白銅貨を渡して、手ぶくろを買いに行かせる、という物語だ。子ぎつねは肝心なときに逆の手、つまり、きつねの手を出してしまうのだが、店の主人は子ぎつねに白銅貨と交換にちゃんと手ぶくろを渡す。

　この話は、人間の心温まる優しさを表しているように見えるがそうではない、と松井さんは言う。大事なのは、白銅貨を受け取った店主が、それをカチカチといわせて本物であることを確かめるシーンだというのである。

　この話を聞いて、店の主人がやさしくてよかったね、とほのぼのすることももちろんOKだ。しかし、店の主人がやさしくなかったらどうなっていたのだろう。子ぎ

つねはつかまってマフラーにされてしまっただろうか。子ぎつねがマフラーにされなかったのは、店の主人がやさしかったからではない。店の主人が市場倫理をわきまえていたからだ。白銅貨をもらった主人は、それが本物であったから手ぶくろを代わりに渡したのだ。

あるべき市場の姿がここにある。主人は子ぎつねが人間でなかったからといって分け隔てをするようなことはしない。対価をきちんと払えば子ぎつねだってお客様だ。市場には、姿かたちで分け隔てをされないという安心感がある。　　　　　（松井彰彦『高校生からのゲーム理論』）

この論説に、経済学者が社会を見る特殊な眼差しが見てとれるだろう。

内的評価とは、心の中での値踏み

オークションの話に戻ろう。

公開入札は、競り人が価格をコールしていって、売り手と買い手の人数を一致させる方法である。ここでは、売り手も買い手も複数いる場合を解説することとしよう。

公開入札の原則は、「人数一致原則」である。つまり、コールされた価格で買いたい人と売りたい人の人数が「初めて一致」した場合に取引成立とするのである。「初めて一致」が意味を持つには、コールする価格をでたらめにアップダウンさせるわけにはいかないので、低額から連続的に上昇させていくか、高額から

連続的に下降させていくか、どちらかの方法しかない。前者をイングリッシュ・オークション、後者をダッチ・オークションと呼ぶことはすでに説明した。

オークションに参加している人は、どのような基準で「買いたい」「売りたい」という表明をするのだろうか。オークションに一度でも参加したことがある人なら、たぶん、自覚したことがあるだろう。それは、「出品に対する自分の内面的な評価」を基準にするのである。売り手の参加者は、出品している品の「自分にとっての価値」を心の中にある程度は刻んでいるであろう。そして、その価値を超えた額がコールされたときだけ売る意思表示をすると決めているだろう。他方、買い手の参加者も、出品を見たとたん、それの「自分にとっての価値」をある程度心の中に決めるだろう。そして、それを超えない価格のときに買う意思表示をするだろう。以上のような「心の中での値踏み」を内的評価と呼ぶことにする。

内的評価についての最もわかりやすい例は、第1講で紹介したポーカー・チップの売買実験である（45ページ）。この実験では、売り手はポーカー・チップを現金5.7ドルと交換でき、買い手は6.4ドルと交換できると設定されていた。したがって、ポーカー・チップに対する売り手の内的評価はすべて同一の5.7ドルで、買い手にとっての内的評価もすべて同一の6.4ドルである。

ポーカー・チップのように現金とリンクしている品

の内的評価は単純であるが、そうでない場合は、もう少し複雑だ。例えば、レアなビンテージワインが出品されたとき、それに対する参加者の内的評価はまちまちになるだろう。ある人は、そのワインを飲むことに20万円程度の価値を付けるだろうし、他の参加者で30万円の価値を付ける者もいるだろう。

場合によっては、内的評価は「飲む価値」とは異なっているかもしれない。

アメリカの有名な推理ドラマ『刑事コロンボ』シリーズに「別れのワイン」という話がある。その中に次のようなシーンが出てくる。古いビンテージワインをオークションで高額で競り落とした犯人が、その理由を秘書に問われて、「ワインにそんな高額の価値があるはずなんかない。ただ、このワインの価値のわからない他の誰かにこれが渡るのがガマンならなかったのだ」みたいなことを答える。ちなみにこの犯人は、ワインを愛するがために殺人を犯してしまう、という哀しい人なのであった。

このような内的評価は、第2講で解説した選好を使うと明瞭に説明できる。Aさんのビンテージワインに対する内的評価が20万円ということは、次の式で表すことができる。

$$20.1 >_A ワイン >_A 19.9$$

つまり、19.9万円の現金とビンテージワインを比べれば、ビンテージワインのほうを好むが、20.1万円の

現金と比べれば、現金のほうを好む、ということだ。

　勘違いしてはいけないのは、ここで出てきた20万円はワインの「価格」ではない、ということ。そうではなく、これは「個人にとってのワインの価値」なのである。

　第2講でも解説したように、モノに対する人の内面にある価値評価はまちまちである。価値（使用価値）は、個人に依存する。他方、価格（交換価値）というのは、社会的に（集団的に）決まるものである。その価格（交換価値）を決めるのが、オークションというシステムなのである。

　ぼくが、モノの売買に関して、このような内的評価からのアプローチを講義で採用するのは、従来の方法よりも学生にとってずっと有益だと思うからである。

　普通のミクロ経済学の講義では、リンゴとミカンのような二つのモノの消費量を座標平面の点で表し、その点たちに選好を導入する。そして、選好が同じになる（つまり、同じくらいに好きな消費の）点たちを線で結ぶ。これを無差別曲線という。この無差別曲線と予算を表す直線の接点で消費量を表す。

　たぶん、この伝統的な方法で教育を受けた学生は、自分の実際の消費行動と理論とを結びつけることができないに違いない。

　一方、内的評価からのアプローチを教わったことがある学生は、自分が実際の商取引に参加するとき、内的価値を意識するようになるだろう。また、取引相手

が内面に持っている内的価値を推し量るようになるだろう。これらを自覚することは、何もなしにビジネスを行うよりも、ずっと学生を有利にするに違いない。そういう理由からこのアプローチを採用しているのである。

内的評価とオークションの関係

内的評価とオークションの関係を理解するために、一つのシミュレーションを提示することにしよう。

今、何かの中古品、例えば、マンガの古本、を売りたい人と買いたい人が一堂に会しているとする。仮に、売りたい人が5人、買いたい人が5人とする。売りたい人は、各自1冊ずつ古本を持ってきている。買いたい人は、各自、そのうちの1冊だけを欲しているとする。

それでは5人の売り手と5人の買い手の内的評価を表にしよう。

売り手	A	B	C	D	E
内的評価	210円	330円	450円	770円	1020円

買い手	U	V	W	X	Y
内的評価	30円	110円	620円	880円	950円

見てわかるように、売り手も買い手も、古本に対する内的評価はまちまちである。

オークションの例：5人の売り手と5人の買い手

売り手	A	B	C	D	E
内的評価	210円	330円	450円	770円	1020円
買い手	U	V	W	X	Y
内的評価	30円	110円	620円	880円	950円

競り人が300円をコールしたとき
売り手で手を挙げている人…A（内的評価が300円より下）
買い手で手を挙げている人…W，X，Y（内的評価が300円より上）
人数が合わないので成立しない

　さて、競り人のコールがあったとき、その価格で売りたい売り手と、買いたい買い手は手を挙げる、というルールとしよう。

　例えば、競り人が300円をコールしたとする。すると、古本に対する内的評価が300円より低い売り手は手を挙げることになる。手を挙げるのはAさんだけである。Aさんの内的評価は210円だから、所有している古本よりも300円の現金を好んでいる。他の売り手は手を挙げない。例えば、Bさんの内的評価は330円である。Bさんは、300円の現金より古本のほうを好んでいるから、この値段では手放すつもりはないのだ。

　他方、買い手で手を挙げるのはWさん、Xさん、Yさんである。例えば、Wさんの内的評価は620円で、300円の現金より古本のほうを好んでいるから手を挙げる。しかし、Vさんの内的評価は110円で、古本より300円の現金のほうを好んでいるので、手を挙げないのである。

このとき、手を挙げている売り手の人数を「300円のときの供給量」といい、手を挙げている買い手の人数を「300円のときの需要量」という。したがって、「300円のときの供給量」は1であり、「300円のときの需要量」は3である。なお、「供給量」と「需要量」は、実際の取引量ではなく、あくまで仮想的な数字であることを理解しておいてほしい。「300円のときの供給量」とは、あくまで、「300円なら売ってもいいよ」というスケジュールであり、実際に売られる数ではない。同様に、「300円のときの需要量」も実際に買われる数ではない。

供給曲線と需要曲線
　さて、300円がコールされた場合、供給量が1で需要量が3のため、「人数一致原則」に合致しないので、取引は成立しない。このような、需要が供給を上回っている場合を「超過需要が存在する」という。反対に、供給量のほうが上回っている場合を、「超過供給が存在する」という。
　以上を踏まえて、競り人が100円刻みで値段をコールするときの、供給量と需要量とを表にしてみよう。

	0	100	200	300	400	500	600	700	800	900	1000	1100
供給量	0	0	0	1	2	3	3	3	4	4	4	5
需要量	5	4	3	3	3	3	3	2	2	1	0	0

表から読み取れるように、コールされる価格が上がると、供給量は増え、需要量は減っていく。これは言うまでもなく、「高い価格なら売りたい人が増え、買いたい人は減る」ということを意味している。

　価格に対する供給のスケジュールを表した曲線を供給曲線と呼ぶことは第1講で解説した。この場合、表の「供給量」のところをグラフ化すれば供給曲線が得られる。

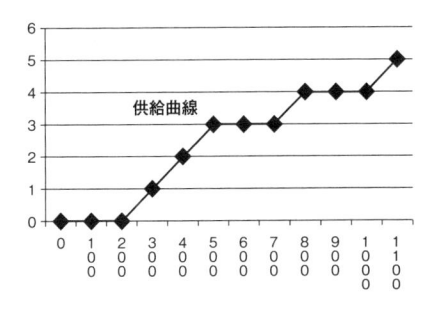

同様に、表の「需要量」をグラフ化したものが、需要曲線となる。

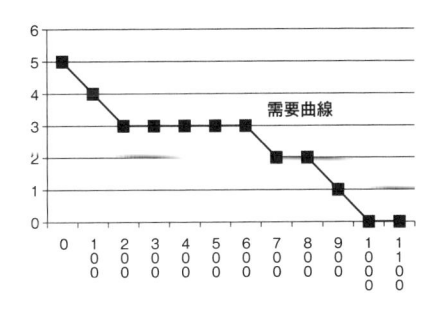

それでは、この表を利用して、オークションの結果を求めよう。

まずは、イングリッシュ・オークションの結果はどうなるか。イングリッシュ・オークションでは、「コールする価格を上昇させていって、初めて供給量と需要量が一致する」価格に決まるのだから、それは500円である。

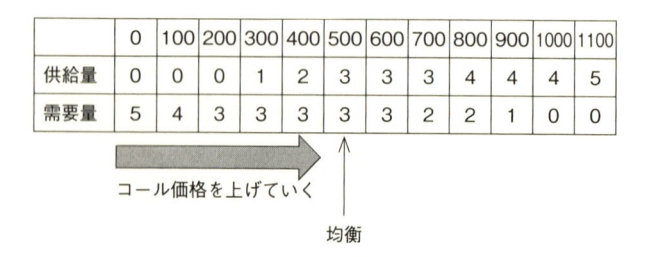

	0	100	200	300	400	500	600	700	800	900	1000	1100
供給量	0	0	0	1	2	3	3	3	4	4	4	5
需要量	5	4	3	3	3	3	3	2	2	1	0	0

← コール価格を上げていく

↑ 均衡

これをイングリッシュ・オークションの「均衡価格」と呼ぶ。このとき、売買される古本の数は3冊であり、これを「均衡取引量」と呼ぶ。このとき、売ることができる売り手はAさん、Bさん、Cさんの3人であり、買うことのできる買い手は、Wさん、Xさん、Yさんの3人である。「均衡価格」と「均衡取引量」を合わせて、単に「均衡」と呼ぶ。「均衡」とは、「バランスがとれた状態」を意味する言葉だ。

注意したいのは、結果として売りそびれた人も買いそびれた人もいる、ということだ。均衡価格より高い内的評価を持っている売り手は売りそびれるし、均衡

価格より低い内的評価を持っている買い手は買いそびれることになる。

次に、ダッチ・オークションの場合の均衡を見てみよう。

	0	100	200	300	400	500	600	700	800	900	1000	1100
供給量	0	0	0	1	2	3	3	3	4	4	4	5
需要量	5	4	3	3	3	3	3	2	2	1	0	0

均衡 ↑ ← コール価格を下げていく

コール価格を高いほうから下げていくと、供給量はだんだん小さくなり、需要量はだんだん大きくなるのが見てとれる。そして、初めて供給量と需要量が一致する価格が600円となる。これがダッチ・オークションの均衡価格となる。均衡取引量は3であり、Aさん、Bさん、Cさんが売ることができ、Wさん、Xさん、Yさんが買うことができる、という結果はイングリッシュ・オークションと同じである。

このモデルでは、イングリッシュ・オークションの均衡価格とダッチ・オークションの均衡価格は異なっている。このようなモデルでは一般的に、イングリッシュ・オークションのほうが均衡価格は低く、買い手に有利であり、ダッチ・オークションのほうが均衡価格は高く、売り手に有利となる。

第4講　オークションが導く価格

しかし、売り手も買い手もたくさんいて、その人たちの内的評価が連続的に（きめ細かく）分布している場合は、イングリッシュ・オークションとダッチ・オークションの均衡価格の違いは（ほぼ）なくなると考えられる。

このようなオークションの均衡を求める仕組みが、まさに、高校の「政治・経済」の教科書で習う「需要・供給の原理」そのものなのである。それは、次のようにグラフ化してみればわかる。

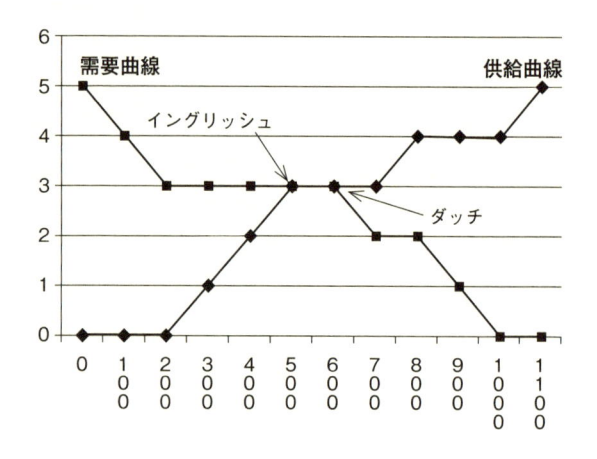

[グラフ：横軸にコール価格（0〜1100）、縦軸に人数（0〜6）をとり、需要曲線と供給曲線がコール価格500〜600、人数3付近で交わる。交点付近にイングリッシュとダッチが示されている。]

このグラフは、横軸にコール価格を、縦軸に手を挙げる売り手の人数と買い手の人数を描いたものである。交わったところが均衡となる。要するに、オークションの均衡とは、需要曲線と供給曲線の交点になる、ということなのである。

オークションの参加者が多数の場合には、需要曲線と供給曲線はなめらかになり、したがって、交点は１点になると考えられる。

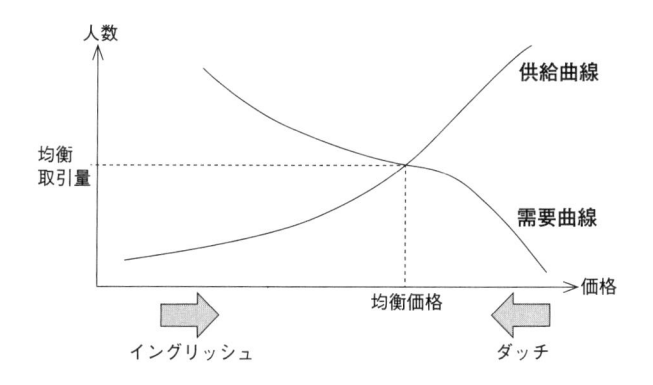

```
人数
 ↑
 │         供給曲線
 │
均衡 ┄┄┄┄┄┄┄┄┄╱
取引量       ╱ ╲    需要曲線
           ╱   ╲
          ╱     ╲
         ╱       ╲___
        ╱            ╲
 └──────┴──────────→ 価格
        均衡価格
   ⇒              ⇐
 イングリッシュ    ダッチ
```

以上の説明で、「価格」と「価値」の違いがはっきりしたのではないか、と思う。すなわち、モノの価値というのは、人の内面に存在する「好み」であり、人によってまちまちである。それをお金の量を使って表すことで、統一してグラフ化したものが需要曲線と供給曲線なのである。例えば、需要曲線は、「商品に対して、その額の現金より高い内的評価を付けている人が何人いるか」をグラフに表したものとなっている。

他方、「価格」というのは、人々のまちまちな「価値」評価をつきあわせることによって、「集団的に」あるいは「社会的に」決まる値である。それは、需要曲線と供給曲線の交わるところなのである。したがっ

て、もちろん、大部分の人にとっては、モノの自分にとっての価値と価格は、ずれたものになっているのである。だからこそ、交換や売買によって、人々は得をするのだ。

需要と供給の一致で決めるとなぜハッピーか

このオークションという価格決定の方法は、人類の大発明だと言っていい。なぜなら、この方法で決まる均衡価格で取引することが、他の価格で取引するより人々の（選好の意味での）快楽を最大にするからだ。

このことをはっきりさせるためには、何らかの方法で、「社会全体の快楽」というものを定量化しないとならない。それには、「余剰」という量を使う。

余剰とは、取引価格と内的評価の差を言う。例えば、あなたが友人から友人の持っているテレビを買わないかと持ちかけられ、1万円で買うことが決まったとする。そのとき、もしもあなたが心の中で「1万5000円まで払ってもいいな」と思い描いていたなら、あなたはニヤリとすることだろう。なぜなら、1万5000円から1万円を引いた5000円の分を得したと思えるからである。これが買い手の側の「余剰」である。

他方、売った友人のほうもニヤリとしているだろう。実は友人は「8000円までなら下げてもいいな」と内心思っていたからである。友人は1万円から8000円を引いた2000円を得している。これが売り手

の側の「余剰」だ。

　余剰の考え方を、前項の古本の売買のシミュレーションに導入してみよう。イングリッシュ・オークションで決まった均衡価格500円で売買したとする。売り手のAさんは、500円で自分の古本を売ることができたが、Aさんのこの古本に対する内的評価は210円だったから、自分では210円程度だと思っているモノを手放して500円を手に入れることができたことになる。つまり、差し引きで290円の得をしたことになる。これがAさんの余剰である。以下、売り手の余剰を列挙すると、

　Aさん　→　500 − 210 = 290円
　Bさん　→　500 − 330 = 170円
　Cさん　→　500 − 450 = 50円

となる。ちなみに、売りそびれたDさん、Eさんは、何も変化がないので余剰は0円とカウントする。
　他方、買い手のXさんは、内的評価が880円の古本を500円で手に入れることができた。したがって、差し引き380円を得したことになる。この額が、Xさんの余剰である。買い手の余剰を列挙すれば、

　Wさん　→　620 − 500 = 120円
　Xさん　→　880 − 500 = 380円
　Yさん　→　950 − 500 = 450円

となり、他の２人の買い手の余剰は０円である。

　これら６人の余剰を加え合わせたものが、「社会の総余剰」と呼ばれる。この場合の総余剰は、

$$290 + 170 + 50 + 120 + 380 + 450 = 1460円$$

となっている。

均衡価格が500円のときの余剰

売り手	現実に売った人				
売り手	A	B	C	D	E
内的評価	210円	330円	450円	770円	1020円
余剰	290円	170円	50円	0円	0円

買い手			現実に買った人		
買い手	U	V	W	X	Y
内的評価	30円	110円	620円	880円	950円
余剰	0円	0円	120円	380円	450円

取引者全員の余剰の合計
総余剰＝290＋170＋50＋120＋380＋450＝1460円

　ここで第２講で解説した物々交換の例を思い出してほしい。物々交換では、モノの総量は変化しないにもかかわらず、全員の交換によってより良い消費を享受した。それは、同じモノに関して、よりそれを好む人の手にそのモノが渡ったからであった。このオークションの例では、10人中の６人にそのような「より良い消費」が生じた。それを量として計測したものが余

剰なのである。重要なことは、残る4人には不利益がないので、パレート改善が実現している、ということである。

さらに注目すべきことは、このようなパレート改善の取引の中で、この均衡価格が最も余剰を大きくする、という点である。この点を説明しよう。

今、仮に、何らかの理由で、取引価格が500円ではなく400円と強制されたとしよう。この場合、Cさんは売ることがなくなる。Cさんの古本に対する内的評価は450円なので、400円で売ったら損をしてしまうからパレート改善に反してしまう。すると、売り手は2人になるので、買い手も2人にならなければならない。誰が買ってもかまわないのだが、余剰ができるだけ大きくなるように、内的評価の高いXさんとYさんが買った場合で考えよう。図を見てほしい。

もしも400円の価格で取引すると…

現実に売った人 / Cさんは売らなくなる

売り手	A	B	C	D	E
内的評価	210円	330円	450円	770円	1020円
余剰	190円	70円	0円	0円	0円

Wさんは買えなくなる / 現実に買った人

買い手	U	V	W	X	Y
内的評価	30円	110円	620円	880円	950円
余剰	0円	0円	0円	480円	550円

少数原則から、買える人は2人になる

総余剰＝190＋70＋0＋0＋480＋550＝1290円となって減少

Aさんの余剰は190円、Bさんの余剰は70円となり、前に比べて100円ずつ小さくなっている。それは当然のことで、取引価格が100円下がったので、売り手の余剰はちょうど100円ずつ小さくなるのである。しかし、このことそのものは社会全体で集計すると問題ではない。なぜなら、買い手のXさんの余剰は480円、Yさんの余剰は550円となって、100円ずつ高くなるからである。売り手から買い手に100円ずつ余剰が移転され、社会全体でこの部分ではプラスマイナスで何も起きない。

　大事なのは、Cさんが売らなくなったことから、Wさんが買えなくなり、この2人の余剰が0となったことである。この2人の余剰の合計の分だけ社会の総余剰は減少してしまうことになる。

　このことを、逆向きに考えてみよう。400円の価格がコールされた時点で、620円の内的評価を持っているWさんは「自分も買いたいのに」と不平を言うだろう。400円を出すことは厭わず、まだまだ余裕があるからである。そして、「500円だって買いたい」と言うだろう。このとき、内的評価が450円のCさんは、「500円なら売るぞ」と言うだろう。つまり、売り手にも買い手にもまだハッピーになれる人がいる、ということだ。

　ちなみに、ダッチ・オークションの均衡価格600円より高い価格で取引する場合も、やはり余剰は減ってしまう。例えば、900円にした場合の余剰を図に提示

したので、読者自身で確認してほしい。

もしも900円の価格で取引すると…

少数原則から、売れる人はAさん1人になる

売り手	A	B	C	D	E
内的評価	210円	330円	450円	770円	1020円
余剰	690円	0円	0円	0円	0円

現実に買った人

買い手	U	V	W	X	Y
内的評価	30円	110円	620円	880円	950円
余剰	0円	0円	0円	0円	50円

Wさん、Xさんは買わなくなる

総余剰＝690+0+0+0+0+50=740円となって減少

均衡は本当に実現可能か

　以上説明してきたオークションによる「需要と供給の一致」を、社会全体にわたって行っているのが、経済活動だと思えばいい。オークションで見たような仕組みが機能しているなら、社会全体で決まる価格と取引量は実現できる中で最も理想的なものだと考えることができる。

　このオークションによる説明は、一般的な経済学の教科書が消費者の「無差別曲線」と企業の「限界費用曲線」とで行っている説明を可視化したものである（企業の内的評価は生産費用だと考えればよい）。内的評価を無限に細かくして微分可能な曲線で表現すれば、結論としては同じになる。けれども、そうすると

「需要」や「供給」が抽象化・形式化されてしまい、初学者には何のことやらさっぱりわからなくなってしまう。だから本書では、人々の心の中の欲望とそれをぶつけ合う「市場」とが透けて見えるようにしたのである。

さて、残る問題は、このような均衡が自動的に実現できるかどうかである。

これについて、アダム・スミスは、33ページで紹介したように「見えざる手に導かれて」という有名な表現を用いて肯定した。スミス以降も、伝統的な経済学では、需要と供給の均衡は、「価格調整」によって自動的に実現される、と考える。すなわち、もしも需要（欲しい人）が供給（持っている人）よりも多いなら、その超過需要のせいで価格がじわじわと高くなり、供給が増え、需要が減ることで、そう時間をかけずに需要と供給が一致する、と考えるのである。

この場合、価格は、需要と供給を一致させるために情報を伝達するシグナルの役割を果たす。実際にそのモノを欲しい人がどこにいるかは目には見えないけれど、価格が上がることで、どこかに超過需要が存在していることを知ることができる。それを察知した供給者は、生産量を増やすことになる。このような仕組みを、「価格機構」と呼ぶ。

このような価格機構を信頼すれば、社会はいつも最適な状態に調整され、たとえ時にそこからずれても、瞬時に元の最適状態に戻るように考えられる。実際、

そう信じて疑わない経済学者も多い。

不況が起きるのは矛盾ではないのか

しかし、そう考えると、「失われた20年」と呼ばれる1990年代からの日本経済の不調は説明がつかない。現状の賃金で労働を提供したい人が大量にいる（超過供給）のに、その状態から動かないからだ。これは、現在の日本だけの現象に限るわけではなく、歴史的には、過去にも長期不況がいろいろな国を襲っている。例えば、1930年代の世界大恐慌はその最たる例である。

このような景気停滞や不況は、明らかにアダム・スミスの主張に反している。けれども、この原因については、経済学者の間ではまだ意見の一致を見ていないのである。

不況という現実に注目するとき、今までの「需要・供給の原理」の議論に欠けているものはいったい何だろうか。

最も大きいのは、時間の経過の中で経済がどう動くかをきちんと定式化していないことだろう。実際、先ほどの説明では、市場が均衡価格に到達するために、「価格機構」をシグナルとして使った調整が働くと述べたが、具体的にどんな調整が働くかは提示しなかった。実はこの点において、ミクロ経済学は現在においても明確な答えを持っていないのである。

一つ考えられるのは、価格機構がうまく働かず、ず

っと間違った価格のまま経済が運営されてしまう可能性である。

　もう一つ考えられるのは、価格機構自体はきちんと働いているが、その調整過程がある種の絶妙にバランスのとれた状態を実現してしまい、そこから脱出できなくなる、ということである。

　例えば、モノが売れないから物価が下がるのだが、その物価の下がること自体が、人々にモノを買わない戦略(買い渋り)を採らせてしまうかもしれない。そして、十分価格が下がってから買おうと思っていたら、その前に自分の会社がピンチになって、今度は将来不安のためにお金の保有に走る、というイタチごっこに陥るかもしれない。

　ただ、これらはあくまで「可能性」であり、どこにも確証はない。不況のメカニズムについては、まだ、何もわかっていないのが現状なのだ。これを解明し、解決の処方箋を発見することが、21世紀の経済学の最も大きな課題であろう。

　以上で前半戦は終了である。ここまでで、経済におけるモノの分配の問題を一応解き明かした。それは、価格を付けてオークションで取引する、というものであった。オークションにおいて、内的な価値を目印に手を挙げる人数によって、需要曲線と供給曲線とが描かれる。だから、この二曲線の交点とは、オークションで人数が一致する瞬間を意味しているのである。こ

のような仕組みを抽象化したものが「市場」と呼ばれる。

　第5講からの後半では、これと同じことを、全く別の角度からお見せしよう。それは、「市場」を「社会の協力」と捉える新しい考え方である。

第5講
社会の協力を描写する

社会っていったい何だ？

　第1講から第4講では、経済活動を人々の個人主義的な側面から描写した。それはこういうことだった。人々は、他人の自由を侵さない限りにおいて、自分の内面にある欲望のおもむくままに利己的に行動し、自分が損をするような行動は強制されない。それを、価格システムを使って調和させる。これがアダム・スミスを発祥の地とする市場経済の原則であった。

　しかし、大きな疑問も浮上する。ここにおける「社会」とはいったい何か。

　実際の社会では、人々が無言で無接触のまま行動しているわけではまったくない。話し合うし、交渉するし、駆け引きもする。抜け駆けしたり、はったりをかましたりもする。これまでに話したような市場システムは、このような現実とあまりにかけ離れていた。第4講までで描いた市場システムは、人と人との間に挟まっているブラックボックスのようなものだった。人々は、全員が孤立していて、大きなブラックボックスの端末のように、インターネットだけでつながって、会話もせずただ数字だけを見ているような関係である。

　しかし、現実の社会は、このような姿とははっきり異なっている。社会は、人々のさまざまな具体的でリアルな接触によって成り立っている。職場や学校、地域共同体、交通、公共機関、劇場や映画館、スポーツ

施設でコミュニケーションを繰り広げている。コミュニケーションとは、ある種の「協力」である。人々の直接的な接触から影響を受け、その影響がまた他者に影響を与えている。その相互関係が市場を作り出しているのである。

経済学では長らく、この「社会における協力やコミュニケーション」というものを数理的な形式で描写することができず、「市場」という名の正体不明のブラックボックス・システムを仲立ちにして経済を描写してきただけだったのだ。

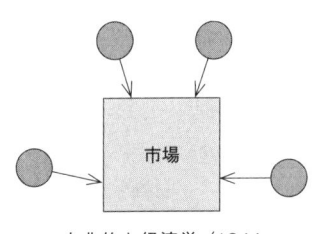

古典的な経済学（1944年以前）での社会の姿

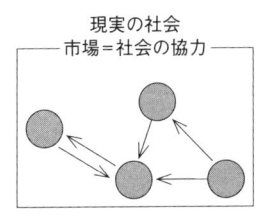

現実の社会
——市場＝社会の協力——
新しい経済学（1944年以降）での社会の姿

ゲーム理論の誕生

しかし、前世紀の半ば頃に、このような「社会の協力」「集団と個人の相互作用」を数理的に表現する方法論が開発された。ゲーム理論という方法論である。ゲーム理論とは、人間の行動をすべてゲームと見なして、プレーヤー全員が、他のプレーヤーの行動を推し量りながら、自分ができるだけ得をするように自分の

採る戦略を考える、と想定して分析するものである。

　ゲームにまつわる数理を研究した例としては、19世紀から20世紀のフランスの数学者ボレルや、同じ時期のドイツの数学者ツェルメロなどがいるが、決定的だったのは、数学者フォン・ノイマンと経済学者モルゲンシュテルンによる1944年の共著『ゲームの理論と経済行動』であった。この本によって、人々の社会的な行動、経済的な行動を、どう「ゲーム」として定式化するか、その枠組みが完全に与えられたと言っていい。

　ノイマンとモルゲンシュテルンは、『ゲームの理論と経済行動』に次のように書いている。

　まず最初に、つぎの点を指摘しておきたい。それは、経済理論の普遍的な体系が現在まだ存在していないということ、たとえそのような体系がいつか展開されるにしても、われわれの存命中に完成されることはまずあるまいということである。（銀林浩他訳。以下同）

　この現状については、70年を経過しようとする今も変わらないように思う。この理由について、彼らはこう説明する。

　その理由は簡単にいうと、経済学というのはきわめて複雑な科学であり、とくに、経済学者が扱っている事実についての知識がきわめて限られ、その記述が非常に不

完全なものであることを考えると、そうした体系はとても早急に構築できるような状態にない、ということである。普遍的な体系を打ち建てようと試みているのは、おそらくこうした状態を正しく判断できない人たちだけであろう。

そして、次のように、経済学のあるべき姿、方向性を述べている。

経済学にもこれと同じ控え目という基準を適用すべきであると、われわれは考える。経済のあらゆる現象を、しかも《体系的に》説明しようなどとしても徒労である。まずはじめに、ある限られた分野の知識をできる限り精密にし、それに完全に精通してから、つぎにそれより多少広い他の分野にというふうに進んでゆくのが健全なやり方というものである。またこのようにすれば、理論がまったく歯の立たないような経済改革や社会改革に、いわゆる《理論》なるものを適用しようとする、あの有害無益な実践行為からまぬがれることにもなるであろう。

最後の一行は、経済学を過大評価する一部の人々に対する厳しい苦言となっていて、筆者には大いに同意できることである。そして、ノイマンとモルゲンシュテルンは、彼らの経済学の目標について、次のように続ける。

経済学者の当面する運命が、他の諸部門の科学者が経験したものより安易なものではありえないということを自覚することが肝要である。経済学者に対して期待すべきことは、まず第1に、経済生活の最も単純な事実の中に含まれている問題を取り上げ、ついで、これらの事実を説明でき、しかも厳密な科学的規準に真にかなうような理論を打ち建てることである。そうなれば、経済学という科学も大きく成長し、はじめに扱うべき問題よりはるかに重要な問題を次第に取りあげてゆけるようになると信じてよいであろう。

　この一節に触れたとき、自分の大学での講義の方向性が間違っていない、という確信を得られたように感じた。

ゲーム理論とは何か
　ノイマンとモルゲンシュテルンが創りあげたゲーム理論は、その後の経済学のあり方を塗り替えてしまったと言えるほど、大きな影響力を持った。経済学ばかりではなく、生物学、統計学、社会学、心理学、政治学、法学などたくさんの分野にも影響を及ぼしたのである。
　ゲーム理論における「ゲーム」というのは、プレーヤーが自分の利得（得点のこと）を可能な限り大きくしようと振る舞うものと定義される。そういう意味で

は、将棋・囲碁、野球やサッカー、テレビ・ゲームやコンピュータ・ゲームなど、私たちがゲームと呼ぶもの・勝敗を競うものなどは、すべてゲーム理論の対象である。

ただ、ゲーム理論は、基本的に、ゲームのルールを与えられたとき、各プレーヤーが何らかの仕組みによって、獲得可能な利得を推理し、それらの中で他のプレーヤーの出方を推理しつつ最大の利得を得られる戦略は何か、ということを考えるものだ。したがって、将棋やサッカー等のゲームではルールが複雑すぎて、とてもプレーヤーの戦略を解析し尽くすことができない。だから、ゲーム理論ではもっとずっと簡単な構造のゲームを扱う。

ゲーム理論の扱うゲームは、大きく分類すると、「協力ゲーム」と「非協力ゲーム」の2種類に分けられる。

協力ゲームというのは、プレーヤー同士の相談や交渉が可能であり、しかもそこで決まった結果に拘束力があることが前提となっているものである。簡単な例としては、宴会をしたときに誰がいくら払うかを相談で決めることをゲームと見なしたり、政党で各派閥の人たちが相談をして党首候補の誰に投票するかを決めることをゲームと見なしたりすることを想像すればよいだろう。

他方、非協力ゲームというのは、プレーヤー間の相談が不可能であるか、あるいは可能であってもその結

果に拘束力がないため、相談自体が意味を持たないようなものである。この場合、各プレーヤーは、結局、他のプレーヤーの利害を勘案し、そのうえで自分の採るべき戦略を無言のうちに決定することになる。簡単な例としては、じゃんけんや、企業の安売り合戦や、テレビ局が同じ時間帯に何を放送するか、などが挙げられる。

ゲーム理論の黎明期には、協力ゲームのほうに重きがあった。実際、前掲のノイマン－モルゲンシュテルンの本では、全体の3分の2ぐらいが協力ゲームの分析に当てられていた。しかし、その後は、非協力ゲームのほうが主流となり、現在に至っている。それは、非協力ゲームのほうが、数学的な広がりがあって、次々と新しいテーマを見いだすことがたやすかったからだと考えられる。

本書では、協力ゲームのほうに焦点をあてる。それは、協力ゲームのほうが数学的に簡単な枠組みで、「需要・供給の原理」に接近できるからである。

協力ゲームとはどんなゲームか

協力ゲームは、非常に簡単な構造をしている。「プレーヤーの集合」、「その部分集合（全部または一部のメンバーから成るグループ）」、「各部分集合に与えられる利得」、その三つを決めればゲームが一つ決まる。とりあえず、卑近な例を通じて理解してもらおう。

今、ギター、ベース、ドラムの3人（順にg、b、dで

記号化する）から編成される架空のスーパーロックバンドを考える。このバンドは、3人でバンド活動をすれば、21億円の利益を生み出すことができる。そこで問題となるのは、21億円をギャラとしてどう配分するか、である。各人は、ソロ活動で稼ぐこともできるし、2人のユニットを組んでも稼ぐことができるから、それらの利益と照合してもワリの合うギャラでないとバンドを組むことには同意しないだろう。実際、ギャラの分配の問題でもめて解散にいたるバンドの例は古今東西、山ほどあるに違いない。

　ここでは、ソロ活動なら各人が2億円ずつ稼ぐと設定しよう。さらに、gとbのユニットなら15億円、gとdのユニットなら5億円、bとdのユニットなら4億円の利益が発生するとしよう。

　これで一つの協力ゲームができた。プレーヤーの集合はg、b、dの3人。部分集合はgとbの2人、gとdの2人、bとdの2人、そして、gが1人、bが1人、dが1人の7通りである。また、それらの部分集合に与えられた利益はそれぞれ、21億円、15億円、5億円、4億円、2億円、2億円、2億円となっている。

　このような協力ゲームの分析の目標は、その「解」を求めることである。「解」とはいったい何か。それは、プレーヤーたちの相互の利害関係の中で、全員なら稼ぐことのできる利益の21億円をどう各自に配分すると提案したら、全員が納得して協力するか、その「合理的な配分の方法とその理屈」を与えることなの

である。

　ぼくが、協力ゲームをミクロ経済学の入門編の中に取り入れようと思ったのは、この例で見るように、設定が具体的で、学生たちが親近感を持てるだろうと考えたことにも理由がある。大学院に在籍中には、ゲーム理論は非協力ゲームだけしか教わらなかった。協力ゲームに触れたのは、学者として独り立ちして研究をする中であった。経済学は物理学や数学と違って、新しい理論ほど難しいということはない。むしろ、新しい理論のほうが、より経済の営みをシンプルに表現できることのほうが多い。協力ゲームもその良い例である。

協力ゲームを式で表現しよう
　協力ゲームを簡易に表現するために、記号で書くことにする。第2講でも解説したように、数学記号化することは思考の大幅な節約につながるからだ。
　まず、プレーヤーからなる部分集合（グループ）を、「提携」と呼ぶ。それぞれの「提携」は、集合の記号を用いて表す。先ほどのバンドの例を使って説明しよう。
　まず、全員提携は $\{g, b, d\}$ と表す。中カッコは、集合を表す記号である。同様にして、gとbの提携は $\{g, b\}$ と表す。さらに、1人提携（ソロ活動）の場合も $\{g\}$ とカッコをつけて集合として表す。すると、この場合の提携は、次の七つとなる。

{g, b, d}, {g, b}, {g, d}, {b, d}, {g}, {b}, {d}

次に、提携から発生する利得を記号化しよう。提携の利得を表現するには、v(提携) というふうに当該の提携の外に$v($ $)$ というコロモをつけて表す。vはvalue（値）のvであると思ってくれればよい。

例えば、全員提携 {g, b, d} で発生する利得を、$v(\{g, b, d\})$ と記す。今、バンドメンバーの全員提携では21億円の利得が発生する設定だから、これを式で書くと、

$v(\{g, b, d\}) = 21$

となる。同様にして、2人組のユニットについての式は、次のようになる。

提携 {g, b} の利益15億円　→　$v(\{g, b\}) = 15$
提携 {g, d} の利益5億円　→　$v(\{g, d\}) = 5$
提携 {b, d} の利益4億円　→　$v(\{b, d\}) = 4$

さらに、各自のソロ活動での利得は2億円だから、こうなる。

$v(\{g\}) = 2$
$v(\{b\}) = 2$
$v(\{d\}) = 2$

したがって、バンドの協力を描写する協力ゲームは、以上の七つの式で定義される。

全体合理性と個人合理性

次に、「このゲームを解くこと」が何をすることか、を説明する。

最初に問題提起したように、要は、g、b、dの3人の間で協力を達成させてバンドを結成させたいわけである。そのためには、3人でバンドを組んだ際にバンドとして得られる利益21億円を誰にいくら配分すれば、全員が納得して協力できるか、それを考えたいわけだ。このことは、（報酬を取らない）マネージャーが間に入って提案をする、と考えてもいいし、3人で納得するまで話しあう、と考えてもいい。

この際に、次の二つの条件は明らかに要請されるだろう。プレーヤーgへの配分をx億円、プレーヤーbへの配分をy億円、プレーヤーdへの配分をz億円、と書いたとき、

【全体合理性】　$x + y + z = 21$
【個人合理性】　$x \geqq 2,\ y \geqq 2,\ z \geqq 2$

という二つの条件である。

最初の条件は、3人への配分の合計がちょうど全員提携の利益21億円になる、ということである。協力が達成されたあかつきに発生する利得を分け合うのだ

から、これは当たり前の要請である。

二つ目の条件は、どのプレーヤーへの配当もそのプレーヤーが1人で稼げる利得を下回ってはいけない、という条件である。これも当然といえば当然の条件と言っていい。各プレーヤーは、自分のソロ活動で2億円を稼げるのだから、それよりも低いギャラでバンドに加わるようなことはしまい。

以上の二条件を、一般的に書くと次のようになる。

【全体合理性】　プレーヤー全員の配分を合計すると全員提携の利益となる。
【個人合理性】　どのプレーヤーも、そのプレーヤーの1人提携で得られる利益以上の配分が得られる。

協力ゲームの解には、このあとに解説するようにいろいろなものがあるが、どの解にもこの二条件は必ず要請されるのである。

さて、問題は、この二条件以外に、どんな条件を付け加えて各プレーヤーへの配分を決めるか、である。付け加える条件によって、異なる種類の解が生まれる。いくつか列挙すると、「安定集合」「コア」「シャプレー解」「仁」などが代表的な解である。これらの解は、それぞれ前記の二条件の他にどんな条件を要請するかによって区別される。追加する条件は、それぞれに、何らかの「合理性」を持っていると言える。こ

こで、合理性というのは、各プレーヤーを納得させて協力に導くような何らかの「理屈」のことである。つまり、合理的な理屈一つに対して、解が一つ定義されるのである。

協力ゲームを解くとは

協力ゲームの解とは、全員提携で発生する利益を各プレーヤーにどう配分したら、全員が納得するか、その合理的な配分の仕方を与えることであった。つまり、協力ゲームを解くとは、社会を一致団結させるための利益分配を見つけ出すことだと言っていい。

よくよく考えてみると、社会のいたるところで、このような利益分配というのは慣行化されている。

例えば、書籍の場合、多くは著者の取り分（印税）は10パーセントで契約される。つまり、1冊の本の売り上げは出版社側が（取次代や印刷代や書店の取り分や広告宣伝など含んだうえで）9割、著者が1割というのが慣行となっているのである。この仕組みが長く続いているのは、本の作成を協力ゲームと見た場合の合理的な解の一つだからであろう。

また、アメリカの経済学者ポール・ダグラスという人が、1929年に、アメリカの生産統計を分析し、面白い法則を発見した。生産というのは、労働と機械（資本）を使って行うものだ（第2講参照）。生産されたもの全体は、その総額（総価値）が、報酬として国民に分配される。その際、報酬は労働と機械に対してど

ういう比率になるか、ということをダグラスは分析したのである。

　それによると、分配率は40年にわたって毎年ほぼ一定で、労働に対して7割、資本に対して3割となっていた。このことは、国家全体で見ると、労働者たちと資本所有者たちの間で、1年間の生産物をどう分け合っているかが、一定の比率になっていることを意味している。ということは、これも、労働者と資本所有者が協力して一国における1年の生産を行う際に、その利益をどう分配しているか、という国家的な協力ゲームの一つの解を与えていることになる。

　つまり、企業や共同体などに何か慣行となっている利益の分配の仕方があるなら、それは皆、協力ゲームの解を与えていると理解できることになるのである。今挙げた例は、非常に複雑な合理性に裏付けられているに違いないから、その合理性を見いだすことは簡単ではないだろう。

　他方、協力ゲームに対しては、何通りかの解が考え出されている。以下、協力ゲームの代表的な二つの解、シャプレー解とコアを紹介し、その背後にどんな合理性があるかを説明しよう。ここではシャプレー解を、次講でコアを紹介する。

分業の利益
　シャプレー解とは、アメリカの数学者・経済学者であるシャプレーの考えたもので、協力ゲームの最も代

表的な解である。しかし、いきなり、先ほどの3人組のバンドの協力ゲームのシャプレー解を求めるのは難しいので、もっと簡単な協力ゲームでやってみよう。それは、2人で分業をする、ということを協力ゲームに仕立てたものである。

第1講でも紹介したアダム・スミス『国富論』の冒頭に次のような一節がある。

　労働の生産性が飛躍的に向上してきたのは分業の結果だし、各分野の労働で使われる技能や技術もかなりの部分、分業の結果、得られたものだと思える。(山岡洋一訳、以下同)

アダム・スミスはこのことを、裁縫用のピンの製造を例に説明する。すなわち、ピンを作るのに、全工程を1人で行ったら、懸命に働いても、一日に1本も作ることができないが、「針金を伸ばす」「真っ直ぐにする」「先をとがらせる」など部分的な工程に特化した人たちが協力しあうことで、たくさんのピンが製造できるようになる、というわけだ。このような「分業」の効能を、アダム・スミスは次のようにまとめている。

　分業によって同じ人数が働いたときの生産量が大幅に増加するのは、三つの要因のためである。第一に、個々人の技能が向上する。第二に、一つの種類の作業から別

の種類の作業に移る際に必要な時間を節減できる。第三に、多数の機器が発明されて仕事が容易になり、時間を節減できるようになって、一人で何人分もの仕事ができるようになる。

さて、このような分業の利益は、次のような協力ゲームに置き換えることができる。

プレーヤーは、aさんとbさん。両方ともピンを生産しているとする。

aさん1人では、月に10万円分、bさん1人では月に15万円分のピンを生産でき、2人で協力して生産すれば、30万円分のピンが生産できると仮定しよう。この構造を写し取った協力ゲームは、次のようになる。

提携 $\{a, b\}$ の利益　→　$v(\{a, b\}) = 30$
a個人の利益　　　　　→　$v(\{a\}) = 10$
b個人の利益　　　　　→　$v(\{b\}) = 15$

これはまさに、アダム・スミスのいう分業の利益を表していることが見て取れるだろう。1人ずつの別々の生産では、合計で10＋15＝25万円分のピンしか生産できないが、2人で協力して（提携 $\{a, b\}$ を成立させて）生産できれば、それよりも5万円多い30万円分のピンを生み出すことができるのである。これは、2人のプレーヤーが役割を分担して、それぞれの

部分工程に熟達することによって可能になる、というわけだ。

シャプレーの考えた解

このように分業の利益を協力ゲームとして定式化できれば、アダム・スミスの当時には分析できなかったことまで分析できるようになる。それは、「どういう配分を約束したら、この2人の協力が提携可能か」という問題である。

このケースでは、2人提携の利益30万円をどう分配すれば、2人が納得して協力するだろうか。あるいは、合理的だと言えるだろうか。

まず、15万円ずつの「山分け」というのは、合理的ではなかろう。なぜなら、aさんとbさんでは個人での生産の力量が違うからである。aさん1人では10万円分しか生産できないが、bさんは15万円分も生産できる。bさんの生産能力のほうが高いことは明らかだ。したがって、「山分け」の提案では、bさんが納得しないに違いない。2人の配分には差をつける必要がある。では、どうやって差をつけるべきか。

シャプレーが注目したのは、「協力によってどのくらい余分な利益が生まれるか」というその量である。1人ずつでそれぞれ生産した場合には、合計で10 + 15 = 25万円分のピンしか生産できないが、2人が協力すれば、それよりも30 − 25 = 5万円の余分な利益が生まれる。シャプレーは、この5万円こそが、「純粋

に協力そのものによって発生する利益分」と考えた。そして、この純増分の利益については、一方が多く貢献していることも他方の貢献が低いこともなく、両者の貢献が対等であろう、と判断したのである。

したがって、この余分な利益5万円を折半して、2.5万円ずつ各自の単独の生産額に上乗せしたものを配分の提案とすべし、と結論した。つまり、

(aさんへの配分) = 10 + 2.5 = 12.5万円
(bさんへの配分) = 15 + 2.5 = 17.5万円

というのを、この協力ゲームの解として定義したわけである。要するに、「2人が協力したからこそ生じた中立的な利益を折半する」というしごく自然な考え方である。

このように求められた協力ゲームの解を「シャプレー解」と呼び、そこにおける各プレーヤーへの配分を「シャプレー値」という。今の協力ゲームでの、プレーヤーaのシャプレー値は12.5万円、プレーヤーbのシャプレー値は17.5万円ということになる。

この解が、前の項で解説した「全体合理性」と「個人合理性」を両方備えていることを確認しておこう。

まず、両プレーヤーへの配分の和を求めると12.5 + 17.5 = 30万円であり、ちゃんと全員提携の利益と一致しているから、「全体合理性」が満たされている。また、両者ともに、自分1人で生産したときの利益(a

は10万円、bは15万円）より大きい利益を手にしているから、「個人合理性」も満たしている。

限界貢献に注目する

シャプレー解は、2プレーヤーの場合は、このように非常に自然でわかりやすい計算であった。しかし、プレーヤーの人数が増えると、簡単ではなくなるのである。実際、例えば、プレーヤーが3人になった場合、「純粋に全員提携そのもので増える利益」というのがよくわからなくなる。2人から3人に増える増え方は3通りもあり、一般には異なる数値だからである。

そこで、プレーヤーの人数が多くなった場合に考え方を拡張できるようにするため、2プレーヤーの場合を、違う方向から見直しておくことがだいじになる。それは、「限界貢献」という数値を利用する見方である。

「限界貢献」というのは、「自分がいない提携」に自分が新たに加わることで純粋にどのくらいの利益が生まれるか、それを測るものである（「限界」という語のこういう使い方は、聞き慣れない日本語だと思うが、経済学ではよく使われる。単に「1人増える」ということを意味すると理解すればいい。英語ではmarginalである）。

例えば、ピンの生産で言えば、誰もいないところにaさんが加わった場合は、ピンの生産が0円から10万

円に増えるので、aさんの限界貢献は10−0＝10万円である。また、bさんが1人で生産しているところにaさんが加わることでピンの生産高は、15万円から30万円に増えるので、このときのaさんの限界貢献は30−15＝15万円となる。

　この限界貢献が報酬を決めることは、世の中を観察していれば当たり前に思える。例えば、あるスポーツ選手に在籍チームでないチームが移籍を打診する場合、その選手が加わることでチームにどの程度の利益（勝ち数とか、観客動員数の増加など）がもたらされるかを計算し、それを土台に報酬が決められることはよくある。そこで、先ほどの2人協力ゲームのシャプレー解を限界貢献の視点から捉え直してみよう。

　今、{a, b} という提携が成立したとしよう。この場合に、この提携が生まれる「順序」までをきちんと考えることとする。{a, b} という提携が成立した場合、「誰もいないところにaさんが加わって、そのあとにbさんが加わって成立」のケースと「誰もいないところにbさんが加わって、そのあとにaさんが加わって成立」のケースの2通りあると考えられる。シャプレーは、これら二つのケースが等確率で発生する、と想定して、プレーヤーaの各ケースでの限界貢献を平均したものが、プレーヤーaの貢献額であり、それを配分すればいい、と考えたのである。このようにしてプレーヤーaへの配分を順次計算してみよう。

$$\begin{pmatrix} \text{aの限界貢献} \\ \rightarrow \{a\} \rightarrow \{a, b\} \\ +10 \\ \rightarrow \{b\} \rightarrow \{a, b\} \\ +15 \end{pmatrix} \quad \begin{pmatrix} \text{bの限界貢献} \\ \rightarrow \{a\} \rightarrow \{a, b\} \\ +20 \\ \rightarrow \{b\} \rightarrow \{a, b\} \\ +15 \end{pmatrix}$$

aのシャプレー値 = {10 + 15} ÷ 2 = 12.5
bのシャプレー値 = {20 + 15} ÷ 2 = 17.5

　まず、「誰もいないところにaさんが加わって、そのあとにbさんが加わる」ケースではどうか。ここで、aさんの貢献は、「誰もいないところにaさんが加わる」ことである。したがって、先ほど説明した通り、aさんの限界貢献は10万円。

　次に、「誰もいないところにbさんが加わって、そのあとにaさんが加わる」ケースではどうか。ここでのaさんの限界貢献は先ほど計算した通り、15万円である。したがって、これらを単純平均した $(10 + 15) \div 2 = 12.5$ 万円を、aさんへの配分とすればよい、と結論される。まさにこれは、前項で解説したプレーヤーaのシャプレー値と一致している。

　同様に、プレーヤーbのシャプレー値を計算すれば、上の式のように、$\{20 + 15\} \div 2$ から、17.5万円となる。

費用の共同負担をモデル化する

　3プレーヤーの協力ゲームのシャプレー解を理解しやすくするために、社会における費用の共同負担を協力ゲームに仕立てることとしよう。
「共同で何かを負担する」というのは、集団の協力の典型的な例である。公的部門というのは、この最たるものと言っていい。私たちは、公的部門を利用して、道路や下水道や学校などの社会インフラを共同で作り出している。これらの費用の負担は、個人個人からの納税という形式でまかなわれる。また、いくつかの隣接する市町村が貯水池を欲している場合、それぞれが独自に作るよりも共同で出資して、一つの貯水池を作り、そこからそれぞれが水道を引くほうが安上がりだろう。

　さらには、社員の冠婚葬祭や社員旅行などを運営するための互助会費なども例となるし、飲み会で誰がいくら支払いをするか、も同じである。

　ここでは、タクシー相乗りの費用負担という、卑近な例で考えよう。

　今、最終バスの行ってしまったあとの駅に、aさん、bさん、cさんがいて、タクシーで帰るしか方法がないとしよう。aさん、bさん、cさんがタクシーを単独で利用した場合、それぞれ1400円、2000円、1600円かかるとする。次にaさんとbさんが相乗りによって2軒の家に最短の道のりでまわるなら2500円かかる。同様に、aさんとcさんだと2400円、bさんと

cさんだと3000円かかる。最後に、3人で相乗りすると3800円かかる。

ここで注目すべきは、相乗りをすると安上がりで済む、ということだ。例えば、aさんとbさんが相乗りするケースを考えよう。タクシー内で、2人が互いに単独で帰るためのタクシー代を出し合うと、合計1400 + 2000 = 3400円になる。しかし、運転手が告げる料金は、2500円である。したがって、3400 - 2500 = 900円が払わなくて済む分となる。つまり、aさんとbさんは相乗りすることによって、2人合計で900円が浮き、それが2人共同の利益となるのである。まさにこの利益構造から、協力ゲームを作り出すことができる。

aさんとbさんの相乗りを、提携 {a, b} と見なせば、この提携の利得は、

$$v(\{a, b\}) = 1400 + 2000 - 2500 = 900$$

なのである。

すべての提携について、その利得を同様に計算すれば、タクシーの相乗りの問題は、次のような協力ゲームに仕立てることができる。

$$v(\{a, b, c\}) = 1400 + 2000 + 1600 - 3800 = 1200$$
$$v(\{a, b\}) = 1400 + 2000 - 2500 = 900$$
$$v(\{a, c\}) = 1400 + 1600 - 2400 = 600$$
$$v(\{b, c\}) = 2000 + 1600 - 3000 = 600$$

$v(\{a\}) = 0$

$v(\{b\}) = 0$

$v(\{c\}) = 0$

　さて、このような構造のとき、3人が相乗りすることで発生する利益をaさん、bさん、cさんにどのように配分することを約束すれば、3人ともが納得して相乗りが成立するか、それを解くこととしよう（逆から見れば、相乗りで支払うタクシー料金の3800円を誰がいくら負担するか、という問題になる）。

タクシーの相乗りではいくらずつ負担すべきか
　タクシー相乗りの協力ゲームのシャプレー解を求めよう。
　限界貢献を均等化させるのだが、そのためには、「相乗りに加わる順序」に注目するのである。相乗りの全員提携 $\{a, b, c\}$ を作り上げる際の、プレーヤーの順次の加わりかたは、全部で6通りある。

	aの限界貢献
➡ $\{a\}$ → $\{a, b\}$ → $\{a, b, c\}$	0
➡ $\{a\}$ → $\{a, c\}$ → $\{a, b, c\}$	0
→ $\{b\}$ ➡ $\{a, b\}$ → $\{a, b, c\}$	$900 - 0 = 900$
→ $\{b\}$ → $\{b, c\}$ ➡ $\{a, b, c\}$	$1200 - 600 = 600$
→ $\{c\}$ ➡ $\{a, c\}$ → $\{a, b, c\}$	$600 - 0 = 600$
→ $\{c\}$ → $\{b, c\}$ ➡ $\{a, b, c\}$	$1200 - 600 = 600$

例えば、4番目は、「誰もいないところにbさんが加わり、それにcさんが加わり、最後にaさんが加わった」ケースを表している。この場合のプレーヤーaの限界貢献は、どうなるか。それは提携 {b, c} のところにaが加わって提携 {a, b, c} が成立するのだから、提携 {a, b, c} の利益1200円（$= v(\{a, b, c\})$）から提携 {b, c} の利益600円（$= v(\{b, c\})$）を引き算して、差600円がプレーヤーaの限界貢献となるのである。

　全部で6通りなので、それぞれの場合の限界貢献を加え合わせて6で割って均等化すれば、プレーヤーaのシャプレー値が求まる。それは、$(0+0+900+600+600+600) \div 6 = 450$円となる。同様に計算すれば、プレーヤーb、プレーヤーcのシャプレー値は、それぞれ450円、300円となる。

プレーヤーaのシャプレー値
$= 0 \times \frac{2}{6} + (900-0) \times \frac{1}{6} + (600-0) \times \frac{1}{6} + (1200-600) \times \frac{2}{6} = 450$円
プレーヤーbのシャプレー値
$= 0 \times \frac{2}{6} + (900-0) \times \frac{1}{6} + (600-0) \times \frac{1}{6} + (1200-600) \times \frac{2}{6} = 450$円
プレーヤーcのシャプレー値
$= 0 \times \frac{2}{6} + (600-0) \times \frac{1}{6} + (600-0) \times \frac{1}{6} + (1200-900) \times \frac{2}{6} = 300$円

　これを支払い側から見ると、aさんは、1人だと1400円支払うところ、450円が返却されることから、

結局1400−450＝950円を支払うことになる。同様に、bさんは2000−450＝1550円を、cさんは1600−300＝1300円を支払う。この支払いが、シャプレー解による相乗りの費用負担、ということになる。合計するとちゃんと3人相乗りの料金3800円となっていることは言うまでもない。

バンドのギャラ配分を決める

　以上を参考にして、先に述べたバンドのギャラの配分問題のシャプレー解を求めてみよう。計算の仕方は、タクシー相乗りのケースと同じだから詳細は省く。

プレーヤーgへの配分
$=2\times\frac{2}{6}+(15-2)\times\frac{1}{6}+(5-2)\times\frac{1}{6}+(21-4)\times\frac{2}{6}=9$億円
プレーヤーbへの配分
$=2\times\frac{2}{6}+(15-2)\times\frac{1}{6}+(4-2)\times\frac{1}{6}+(21-5)\times\frac{2}{6}=8.5$億円
プレーヤーdへの配分
$=2\times\frac{2}{6}+(5-2)\times\frac{1}{6}+(4-2)\times\frac{1}{6}+(21-15)\times\frac{2}{6}=3.5$億円

　バンドのギャラ配分の問題は、他のメンバーと2人ユニットを組んだとき最も稼ぎを大きくできる（つまり、最も人気のある）プレーヤーgが最も大きな額を得て、それに次ぐ額をプレーヤーbが、最も人気のないプレーヤーdが最も低いギャラになっている。シャプレー値によるギャラ配分は、ちゃんと人気を反映し

たものと思えることだろう。

飛行場の費用負担

　協力ゲームに対する実証的な研究はほとんど存在しないが、リトルチャイルドとオーエンが、1973年に興味深い実証研究を発表している。彼らは、空港の滑走路の共同使用を協力ゲームと見なし、それに対するシャプレー解を求め、実際と比較したのである。

　空港の滑走路は、多くの航空会社が利用しており、さまざまなタイプの航空機が離着陸している。このとき、航空機が大きくなればなるほど、長い滑走路が必要になり、そのための維持コストが高くなる。したがって、滑走路の維持費用は、利用する最も大きな航空機だけによって決定されることになるだろう。

　例えば、一番大きな航空機の離着陸を可能にする滑走路の維持費が10億円なら、もっと小さな航空機は単にその滑走路に便乗すればいいだけだから、問題はその10億円を各航空会社がどう負担分担するか、ということになるわけだ。

　今、航空会社は3社（a、b、c）とし、この順に大きな航空機を所有しているとする。そこで、滑走路の維持費用は、aだけが利用するならp、bだけが利用するならq、cだけが利用するならrとし、大きさは$p>q>r$であるとする。このとき、利用する最大の航空機のためにかかる維持費用が、全部の維持費用となるため、次のような費用構造になる。

利用する航空会社	維持費用
{a}	p
{b}	q
{c}	r
{a, b}	p
{b, c}	q
{a, c}	p
{a, b, c}	p

　すると、タクシーの相乗り問題と同じように、提携の利益が発生することになる。例えば、a、b、cがそれぞれ単独で空港を利用するなら、合計で$p + q + r$の費用が必要となるが、3社共同で利用すれば、pで済むので、$q + r$の節約となって、これが提携の利益となるわけである。

　この利益構造を協力ゲームに仕立てるとこうなる。

$$v(\{a, b, c\}) = p + q + r - p = q + r$$
$$v(\{a, b\}) = p + q - p = q$$
$$v(\{a, c\}) = p + r - p = r$$
$$v(\{b, c\}) = q + r - q = r$$
$$v(\{a\}) = 0$$
$$v(\{b\}) = 0$$
$$v(\{c\}) = 0$$

この協力ゲームのシャプレー解は、タクシーの相乗り問題と同じ方法で計算することができる。リトルチャイルドとオーエンは、バーミンガム空港を利用する航空機について、協力ゲームの解としてのシャプレー値での費用負担と、実際の費用負担を比較して、次のような結果を得た。

航空機のタイプ	発着数	費用のシャプレー値	実際の費用
Fokker Friendship 27	42	10.09	5.80
Viscount 800	9555	11.75	11.40
Hawker Siddeley Trident	288	17.85	21.70
Britannia 100	303	18.56	29.80
Caravelle VI R	151	18.65	20.30
BAC 111(500)	1315	18.92	16.70
Vanguard 953	505	21.53	26.40
Comet 4B	1128	23.39	29.40
Britannia 300	151	53.79	34.70
Convair Coronado	112	69.77	48.30
Boeing 707	22	171.58	66.70

航空機は小さい順に並べられている。右から2番目の数字が「シャプレー値から理論的に計算された費用負担」であり、一番右の数字が「実際の費用負担」を表している。この二つを比較してみよう。結果としては、小さい航空機と大きい航空機ではかなりのズレが見られるものの、中間的な航空機では、シャプレー値

が実際の費用負担をある程度は説明できているのが見てとれるだろう。

　以上のように、社会の協力は、「協力ゲーム」という方法でその一面を捉えることができることがわかった。そして、集団を一致団結させるためには、きれい事だけではダメで、利益配分をうまく決めなければならないこともわかった。そのような利益配分への一つの提案がシャプレー解なのである。次講では、シャプレー解とは異なる解として、コアを取り上げることにしよう。

第6講
グループの離反をふせぐ方法

集団には離反がつきもの

　前講では、「社会の協力」「集団の協力」をゲームに見立てる協力ゲームというものを提示し、その代表的な解としてシャプレー解を解説した。

　シャプレー解は、限界貢献という数値から算出されるものだった。限界貢献とは、「私が加わることで、そのグループにどれだけ利益の増加がもたらされるか」を表す数値である。要するに、「私の価値」だ。

　しかし、集団には「私の価値」では捉えられない様相もある。それは、グループ同士の反目、利益の衝突である。

　集団というのは、中にさまざまな利益構造を抱えている。これは、日々繰り広げられている政党政治を眺めるだけで実感できることだ。ある大きな政党が与党となったとき、その与党の中には、さまざまな派閥・会派があり、水面下で小競り合いを繰り広げている。そして、政策や組閣や選挙に関する利害が食い違うと、議会での採決において謀反や離党などが生じることになる。

　このように、集団の中には、部分的な集団の利害の錯綜があり、それがある種の緊張関係を生み出しているのである。

　実は、このような離反・謀反を取り入れることで、協力ゲームに対して、シャプレー解とは異なる解を導入することができる。この講では、そのような解であ

る「コア」を解説することとしよう。

個人合理性を拡張する

コアは、ノイマンとモルゲンシュテルンの本にも現れてはいたが、明確に定義したのは、ギリースというカナダの数学者である。

コアの考え方は簡単で、「個人合理性」を、個人だけではなく集団にまで拡張するだけである。個人合理性とは、次の性質であった。

【個人合理性】どのプレーヤーも、そのプレーヤーの1人提携で得られる利得以上の配分が得られる。

これを集団にも適用するのである。

第5講のバンドのギャラ配分の協力ゲームを例として説明しよう。それは次のような利益構造の協力ゲームであった。

$v(\{g, b, d\}) = 21$
$v(\{g, b\}) = 15$
$v(\{g, d\}) = 5$
$v(\{b, d\}) = 4$
$v(\{g\}) = 2$
$v(\{b\}) = 2$
$v(\{d\}) = 2$

この協力ゲームの解においては、「個人合理性」の要請から、どのプレーヤーも2億円以上の配分を約束しなければならない。ギャラが2億円を下回るなら、ソロ活動によって2億円を稼いだほうがマシだからである。

　これと同じことを2人以上の集団にも適用しよう、というのがギリースの発想だ。

　例えば、21億円を「山分け」して、各自7億円ずつのギャラという提案がなされたとしよう。この提案は受け入れられるだろうか。

　個人個人なら受け入れるだろう。どのプレーヤーもソロでは2億円しか稼げない。だから、このギャラのほうがずっとよい（つまり、個人合理性は満たされる）。

　しかし、2人組を考えると、そうはならない。なぜなら、プレーヤーgとプレーヤーbがこの提案に関して、裏取引をするに違いないからである。

　今、gとbに提案されているギャラは7億円ずつ、合計で14億円である。しかし、gとbでユニットを組めば15億円を稼ぎ出すことができる（$v(\{g, b\}) = 15$ということ）。となれば、この2人は、次のように密談するだろう。

「提案を受け入れず、2人でユニットを組もう。そうして、増える利益1億円は、2人で相談して分け合えばいい。相談の結果がどうなるかはわからないが、互いに7億円より多い利益を得られることだけは間違い

ない」

　そのうえで、gさんとbさんが離脱して、全員提携が阻止されるだろう。このことを「7億円ずつの配分は、提携 {g, b} によってブロック（阻止）される」という。つまり、提案された配分の合計が2人提携の発生する利益より小さいなら、ブロックされてしまう、ということである。

　このことを踏まえると、全員提携が成立する配分として、次の条件が要請されるのはある意味で合理的だとわかる。

【非ブロック性】1人でもなく全員でもないどの集団にもブロックされない。

　この条件を加えた解をコアと呼ぶ。すなわち、コアは、「全体合理性」「個人合理性」「非ブロック性」の三条件を満たす配分と定義される。
　バンドのギャラ配分問題の協力ゲームでは、例えば、g、b、dにそれぞれ9億円、9億円、3億円を配分することは、コアとなる。なぜなら、9＋9＋3＝21から「全体合理性」を満たしているし、各プレーヤーへの配分がすべて2億円以上なので明らかに「個人合理性」も満たしている。さらには、gとbは、合計で9＋9＝18億円を得るので、提携 {g, b} の利益の15億円以上を得られるからブロックしない。また、gとdは、合計で9＋3＝12億円を得るので、提携 {g, d}

の利益の5億円以上を得られるから、この2人もブロックしない。最後に、bとdは合計で9＋3＝12億円を得るので、提携 {b, d} の利益の4億円以上を得られるから、この2人もブロックしない。以上から、この配分が、「非ブロック性」を満たすことが確かめられた。

このようにコアという解は、当たり前に思える条件だけから成り立っていて受け入れやすい。

投票行動を協力ゲームに仕立てる

コアが、シャプレー解と大きく異なるところは、シャプレー解では解が1通りに決まるのに対し、コアは一般に複数ある、ということである。

例えば、バンドのギャラ配分問題では、g、b、dにそれぞれ9億円、8億円、4億円を配分することもコアとなる。小数になることを許せば、この協力ゲームのコアは無数に存在する。したがって、コア全体がどんな解集合を作るかは、簡単にはわからない。コアは自然な要請ではあるが、扱いの難しい解だという言い方もできる。

コアは、もう一つ難点を持っている。それは、コアは存在しないかもしれない、という点である。それを例示するために、別の新しい協力ゲームを紹介しよう。

民主的にものごとを決定するとき、最もよく使われるのは投票である。投票は、最終的には個人の判断で

行われるが、投票に際して、しばしば集団的な協力行動が観測される。例えば、総選挙でも、労組や宗教団体や市民運動団体などが、各団体の利害を反映するように構成員に投票すべき候補者を指定したりする。あるいは、国会議員たちの政策決定の投票においても、政党や派閥が事前に相談をして、投票先を統一するような行動をする。これらはまさに、部分的な提携に帰属する利益が、全体の提携（どの政党が勝つか、とか、法案が成立するかなど）の可否を左右する構造になっている。したがって、投票行動というのも、協力ゲームが得意とする問題である。

ここでは、最も簡単な投票行動を、協力ゲームで描写してみよう。

今、1万円の紙幣をaさん、bさん、cさんの誰がもらうか、3人の投票で決めることを考える。もらうのは1人でも、複数の共同でもかまわない。ここで、この社会にとって最も望ましいのは、1万円を3人共同でもらう、という結末だとしよう。

投票は「誰々がもらう」という提案に対して、賛否の投票をし、賛成が過半数以上の場合に提案が受け入れられるものとする。3人の投票だから、当然、過半数の2票以上の得票があれば提案は採択される。

まず、「aさんがもらう」という提案はどうだろうか。これには、aさんが賛成し、bさんとcさんは反対するから、否決される。次に、「aさんとbさんが共同でもらう」という提案はどうだろうか。この提案に

は、aさんとbさんは賛成し、cさんが反対する。したがって、過半数を得て採択される。同様に、「aさん、bさん、cさんの3人が共同でもらう」という提案も、全員賛成で採択される。以上のことを、協力ゲームで記述すると、次のようになる。

$v(\{a, b, c\}) = 1$
$v(\{a, b\}) = 1$
$v(\{a, c\}) = 1$
$v(\{b, c\}) = 1$
$v(\{a\}) = 0$
$v(\{b\}) = 0$
$v(\{c\}) = 0$

この協力ゲームを解くこと、すなわち、3人で獲得した1万円から誰がいくら配分されるかを、何かの合理的な理由から決めることが、この投票行動の結末を解くことにつながる。

投票ゲームにはコアが存在しない

結論から言うと、この協力ゲームにはコアが存在しない。多少数学的な作業になるが、証明してみよう。

今、全員提携の利益1万円からのプレーヤーa、b、cへの配分をそれぞれx、y、zとしよう。

まず、「全体合理性」から、

$$x + y + z = 1 \cdots\cdots ①$$

が要請される。

また、非ブロック性から、次の三つの式が要請される。

{a, b} にブロックされない→$x + y \geqq 1 \cdots\cdots ②$
{b, c} にブロックされない→$y + z \geqq 1 \cdots\cdots ③$
{a, c} にブロックされない→$x + z \geqq 1 \cdots\cdots ④$

この三つの式を加え合わせると、

$$2x + 2y + 2z \geqq 3$$

両辺を2で割り算すると、

$$x + y + z \geqq 1.5$$

しかし、①から左辺は1であるから、この不等式は不可能である。したがって、コアを満たす配分であるようなx, y, zは存在しないことがわかった。

この結果は、シャプレー解とは劇的に違っている。シャプレー解は次のように、3人とも3分の1万円を配分される、という「平等な解」となるからである。

【投票行動の協力ゲームのシャプレー解】
プレーヤーaへの配分
$= 0 \times \dfrac{2}{6} + (1-0) \times \dfrac{1}{6} + (1-0) \times \dfrac{1}{6} + (1-1) \times \dfrac{2}{6} = \dfrac{1}{3}$ 万円

プレーヤーbへの配分
$= 0 \times \frac{2}{6} + (1-0) \times \frac{1}{6} + (1-0) \times \frac{1}{6} + (1-1) \times \frac{2}{6} = \frac{1}{3}$万円
プレーヤーcへの配分
$= 0 \times \frac{2}{6} + (1-0) \times \frac{1}{6} + (1-0) \times \frac{1}{6} + (1-1) \times \frac{2}{6} = \frac{1}{3}$万円

　このシャプレー解は、社会的な一つのあり方を示唆しているだろう。全員の力が対等だから、結局、均等な分け前になる、ということを表しているからである。

　他方、コアにおいては、それを満たす配分が存在しない、という悲劇的な結果となっている。このことは、「政治的などろどろ状態」を示唆している、と言っていいだろう。一方では、aさんとbさんが密談して抜け駆けしようとし、また、その陰で、bさんとcさんも密談をして投票を打ち合わせようとしており、さらには、aさんとcさんまで密談している、ということが描かれている、と考えられる。そして結局は、錯綜した密約の末、全員提携が達成されない。これはある種、今の日本の政治状況でよく観測される事態であろう。

拒否権のある投票ゲーム

　議会などでは、非常に強い力を持つ人が存在することがある。あるいは、野党の中の特定の政党が政策決定のキャスティングボートを握ることがある。要するに、その人が投票に参加しないとものごとが決められないような存在である。

投票ゲームでは、そのようなプレーヤーを「拒否権を持つプレーヤー」と呼ぶ。ここでは、このようなプレーヤーが存在するときのコアを考えることとしよう。具体的には、投票ゲームを次のように変更するのである。

$v(\{a, b, c\}) = 1$
$v(\{a, b\}) = 1$
$v(\{a, c\}) = 1$
$v(\{b, c\}) = 0$
$v(\{a\}) = 0$
$v(\{b\}) = 0$
$v(\{c\}) = 0$

先ほどとの違いは、$v(\{b, c\})$ が 0 となっていることである。このことで、この協力ゲームが、「過半数を超える投票で、しかもプレーヤーaを含むものだけが可決される」という構造に変わったことになる。つまり、プレーヤーaが「拒否権を持つプレーヤー」なのである。

このときのコアはどうなるだろうか。先ほどとは劇的に変わる。前項と同じように、プレーヤーa、b、cへの配分をそれぞれx、y、zとして、x、y、zの満たすべき条件を求めてみよう。

まず、個人合理性から、x、y、zはすべて 0 以上であることと、全体合理性から$x + y + z = 1$でなければ

ならないのは同じである。

　提携 {a, b} にブロックされないためには、$x+y$は 1 以上であることが要請される。ここで、$x+y$ が 1 を超えると、$x+y+z=1$ から z がマイナスになってしまってまずいから、$x+y$ はぴったり 1 であることがわかる。これは、$z=0$ を意味する。

　同様に、{a, c} にブロックされないことから、$x+z$ もちょうど 1 になることと $y=0$ とが導かれる。

　以上によって、結局、コアになるのは、$x=1$、$y=0$、$z=0$ という配分だけであることがわかる。つまり、プレーヤーaが利益をすべて独り占めしてしまう結末になる、ということである。

　これは、具体的な交渉プロセスを想像してみると、次のようになるだろう。すなわち、aは、「bと結託して裏切るぞ」という脅しをかけて、自分が独り占め（あるいはそれにほぼ同等）の約束をcからとりつける。と同時に、aは、「cと結託して裏切るぞ」という脅しをかけて、bからも同じ約束を勝ち取るのである。これに類したことは、世の中でよく見かけられるだろう。

　他方、この「拒否権のある投票ゲーム」のシャプレー解を求めると次のようになる。

【投票行動の協力ゲームのシャプレー解】
プレーヤーaへの配分
$= 0 \times \dfrac{2}{6} + (1-0) \times \dfrac{1}{6} + (1-0) \times \dfrac{1}{6} + (1-0) \times \dfrac{2}{6} = \dfrac{2}{3}$ 万円

プレーヤーbへの配分
$= 0 \times \frac{2}{6} + (1-0) \times \frac{1}{6} + (0-0) \times \frac{1}{6} + (1-1) \times \frac{2}{6} = \frac{1}{6}$万円
プレーヤーcへの配分
$= 0 \times \frac{2}{6} + (0-0) \times \frac{1}{6} + (1-0) \times \frac{1}{6} + (1-1) \times \frac{2}{6} = \frac{1}{6}$万円

　この場合、確かにプレーヤーaへの配分が最も高くなってはいるが、コアのように独り占めとまではなっていない。

生臭い問題を解くために
　協力ゲームの代表的な解であるシャプレー解とコアは、どちらもそれぞれに固有の合理性を備えており、プレーヤーを納得させるための固有の仕組みが導入されている。
　もちろん、これで実際の社会の協力が完全に解き明かされる、ということではない。きわめて力不足であろう。社会には、非常に複雑な利益構造が存在し、交渉可能な部分も、また不可能な部分も存在する。また、時間の経過とともに状況は刻々と変化している。これらの全条件を反映するような解を与えることは至難の業と言っていい。
　ただ、そうは言っても、シャプレー解やコアのような考え方は、社会の協力を考えるうえで、多くの示唆を与えてくれることだけは確かである。人々の利益配分や費用負担の構造を設計するには、少なくともどんぶり勘定ではダメだ、ということぐらいはわかる。利

益配分や費用負担は非常に人間的で生臭い問題だが、それでも背後には、ある程度はきちんと数学的に記述できる法則を持っている、のである。

だから、ミクロ経済学の講義で、学生たちがシャプレー解やコアを学ぶことは、社会に出たあと何らかのことで役に立つとぼくは考えている。

学生たちと話していると、彼らが利害関係についてかなり無頓着であると常々実感する。彼らが社会に出て、商談に加わったり、企画を成功させたり、社内政治を勝ち抜くには、協力ゲームのロジックは参考になりこそすれ、決して邪魔にはなるまい。

合コンのカップル成立の望ましいあり方

コアの市場経済への直接的な応用は次講に譲るとして、ここでは、他の面白い応用例に寄り道するとしよう。「合コンのカップル成立」への応用である。これは、コアの考え方の応用ばかりではなく、第2講で説明した「選好」の良い応用例ともなっている。

考えたい問題は、「合コンでカップルを成立させるのに、不満の少ないような組み合わせ方はどのようなものか」という身近なものである。まずは、問題を数学的に表現することを試みよう。

合コンで出会った異性への好みの順位を適切に表現するには、「選好」の記号を使うのが一番いい。参加者は、3人の男子たち $\{1, 2, 3\}$ と、3人の女子たち $\{4, 5, 6\}$ としよう。そして、合コンの結果、各人の

好みが次のようであった、と仮定しよう。ただし、記号 0 は、「誰ともカップルにならないこと」を意味するものとする。

　　男子 1 君の選好：$4 \succ_1 6 \succ_1 5 \succ_1 0$
　　男子 2 君の選好：$4 \succ_2 5 \succ_2 6 \succ_2 0$
　　男子 3 君の選好：$6 \succ_3 4 \succ_3 5 \succ_3 0$

　　女子 4 さんの選好：$3 \succ_4 2 \succ_4 1 \succ_4 0$
　　女子 5 さんの選好：$1 \succ_5 3 \succ_5 2 \succ_5 0$
　　女子 6 さんの選好：$1 \succ_6 2 \succ_6 3 \succ_6 0$

　例えば、最初の式は、男子 1 君の選好を表し、彼が合コンした女子を 4、6、5 の順に気に入っており、「誰ともカップルにならない」ことの選好順位が最も低いことを表している。
　このように合コン参加者全員の選好が与えられたもとで、カップルを作る場合に、どんな条件が要請されるべきか、を考えてみよう。まず、次の条件は当然の要請だと思われる。

【個人合理性】誰も 0 より順位の低い相手とカップルになることはない。

　つまり、どのプレーヤー x に対しても、カップルになる相手 y は、$y \succ_x 0$ を満たすべきだ、ということで

ある。これは、協力ゲームのコアの「個人合理性」に対応するものと考えることができる。

次に要請されるべき条件を理解するために、具体的なマッチングを考える。

(マッチングμ) 1⇔5　2⇔6　3⇔4

これは、1君と5さん、2君と6さん、3君と4さんをカップルにするようなマッチングである。このマッチングμでは1君は5さんと、6さんは2君とカップルになっているのだが、その1君と6さんに注目してみよう。

1君は、彼の選好を見ればわかるように、5さんよりも6さんを好んでいる。また、6さんのほうも、彼女の選好を見ればわかるように、2君より1君を好んでいる。だから、無理にマッチングμを実行しようとすると、1君と6さんは、陰で密約してこれを拒否し、抜け駆けすることだろう。このことを、「マッチングμはカップル$\{1, 6\}$によってブロックされる」という。

ここでいうブロックというのも、協力ゲームのブロックに対応するものであることが見てとれるだろう。そうすると、適切なマッチングに対しては、次の条件が要請されるべきことが納得できる。

【非ブロック性】どのカップルによってもブロックされない。

さて、以上の「個人合理性」と「非ブロック性」を両方満たすマッチングを「マッチング問題のコア」と呼ぶことにする。マッチング問題のコアは、協力ゲームと同じように、ある種の合理性を備えたカップルの組み合わせだと考えることができよう。協力ゲームでの考え方が、このような生々しい世俗的な話題に応用されるのは、非常に面白いことである。

ゲール‐シャプレーのアルゴリズム

マッチング問題のコアを求めるうまい方法があるだろうか。

実は存在するのである。それは、ゲールとシャプレーによって、1962年に与えられたアルゴリズム（手順）である。ここでのシャプレーとは、前講でシャプレー解を考え出した数学者のことだ。

ゲール‐シャプレーのアルゴリズムは、非常に素直なプロセスからできている。

まず、プロポーズする側を、例えば、男子と決める。そして、男子が順番に一番好ましい女子にプロポーズしていく。

女子は彼が「誰ともカップルにならない（0）」より好ましいなら、とりあえず、その男子をキープしておく。

もしも、同じ女子に2人目の男子がプロポーズした場合は、女子が2人を比べ、より好ましいほうの男子

を選びキープする。そこで振られてしまった男子は、まだ振られていない中で最も好ましい女子にプロポーズをする。この繰り返しを行い、どの男子もプロポーズする女子がいなくなった時点で終了する。

　例として、前項の6人のマッチング問題について、ゲール–シャプレーのアルゴリズムを具体的に実行してみよう。男子側からのアプローチと女子側からのアプローチがあるが、ここでは男子側で説明する。

　ステップ1：男子1君は、最も好ましい女子4さんにプロポーズする。女子4さんにとって、この男子1君は「誰ともカップルにならない（記号0で表されている）」より好ましいので、とりあえず、キープしておく。キープ関係を、

　　1♡4

と表そう。

　ステップ2：男子2君が最も好ましい女子4さんにプロポーズする。女子4さんは2人目からもプロポーズを受けたので、プロポーズしてくれた2君とキープしている1君を比較する。2君のほうが、1君より好ましいので、1君を振って、2君をキープする。

　　2♡4

　ステップ3：振られた男子1君は、自分を振っていない中で一番好ましい女子6さんにプロポーズする。

6さんは、1君が0より好ましいので、1君をキープする。

　　2♡4, 1♡6

　ステップ4：男子3君が最も好ましい女子6さんにプロポーズする。6さんはキープしている男子1君と、今プロポーズされた男子3君を比較し、男子1君のほうが好ましいのでそのままキープする。

　　2♡4, 1♡6

　ステップ5：振られた男子3君は、まだ自分を振っていない女子の中で最も好ましい4さんにプロポーズする。4さんは、キープしている2君とプロポーズされた3君を比較し、2君を振って、より好ましい3君をキープする。

　　3♡4, 1♡6

　ステップ6：振られた男子2君は、自分を振っていない中で最も好ましい女子5さんにプロポーズする。5さんは2君をキープする。

　　3♡4, 1♡6, 2♡5

　ステップ7：これでプロポーズする男子がいなくなったので終了。

　以上がゲール-シャプレーのアルゴリズムである。

このアルゴリズムが優れているのは、先ほど述べたように、これで決まったマッチングが必ず「カップル問題のコア」になる、ということである。実際、今導かれたマッチングは、コアになっている。

　なぜそうなるのだろうか。これを証明することは、多少込み入っているが、そんなに大変ではない。

　例えば、このアルゴリズムで、a君とxさんがマッチングし、b君とyさんがマッチングして、しかし、a君はyさんをxさんより好んでおり、yさんもa君をb君より好んでいると仮定してみよう。a君はyさんをxさんより好んでいるので、xさんにプロポーズして最終的にマッチングとなった前にyさんにプロポーズして振られているはずである。一方、yさんはプロポーズした男子をキープしている男子と比較して好みのほうをキープするので、最終的にマッチングしている男子は、振ったすべての男子より好ましい男子のはず。すると、yさんがa君を振って、yさんにとってa君より好ましくないb君とマッチングしているのは矛盾している。これによって、最初に仮定したような状況は起こりえない、ということがわかるのである。

　今は、男子側からのプロポーズでアルゴリズムを実行したが、女子側から行うこともできる。この場合、必ずしも男子側からと同じ結果を導かないが、コアを導くという点は同じである（その場合、コアは複数あることになる）。

実社会への応用例

　ゲール−シャプレーのアルゴリズムは、実際に社会で応用されている、という点は特記されるべき事実である。

　経済学の結果は、理念的なものや抽象的なものが多いため、実社会で応用されることはきわめて少ない。そういう意味では、このゲール−シャプレーのアルゴリズムは、実益性を持っているという希有な例なのである。

　例えば、アメリカの研修医たちがどの病院で研修を受けるかについて、実際に用いられているシステムが、結局、病院側がプロポーズするゲール−シャプレーのアルゴリズムの結果と同じになることをロスという学者が1984年の論文で指摘した。その後、90年代後半に、ロスの助言にしたがって、研修医側がプロポーズするゲール−シャプレーのアルゴリズムが用いられるように変更された、とのことである。

　また、日本でも、早稲田大学高等学院の学生を、進学先である早稲田大学の各学部へと割り当てる際に、学生側がプロポーズするゲール−シャプレーのアルゴリズムが用いられているそうだ（詳しくは、坂井豊貴『マーケットデザイン入門』を参照）。

　医学生の研修や、学生の進学は、人生を左右する非常に重要な制度だ。しかも、お金で決着をつける（価格メカニズムを利用する）という方法は、倫理的な意味でなじまない。したがって、このようなマッチングを、

できるだけ不満のないように設計するのは社会的に有意義なことである。ゲール-シャプレーのアルゴリズムが、それに一つの解決（マッチング問題のコア）を与えているということは、経済学の大きな成果と言っていい。

第7講
「社会の協力」から
「需要・供給の原理」へ

協力ゲームと市場

　第2講から第4講まででは、社会を個人主義的な立場から描写し、個人たちを市場という抽象的な存在がつないでいるあり方について解説した。そして、前半のひとくぎりとなる第4講では、オークションという方法によって需要と供給が一致させられ、そこで決まる価格と取引量こそが、社会にとって最も効率的で最適なものであることを見た。

　一方、第5講と第6講では、経済活動を営む人々をプレーヤーたちと見なし、彼らの協力関係をゲームとして描写する、協力ゲームとその解について解説した。ここでは、市場を、プレーヤーたちが具体的な接触をし、交渉をし、相互の利害関係を反映させた分配を達成させるもの、という見方をしている。

　本講では、この二つのアプローチの架け橋を作ることにしよう。すなわち、モノを交換する市場を協力ゲームと見る立場から、「需要・供給の原理」をあぶり出すのである。第4講のオークションの議論が、全く別の角度から再現されることに、読者の皆さんはきっと驚かれることと思う。

　実は、協力ゲームを使って、「需要・供給の原理」が導き出せることをぼくが知ったのは、かなり最近のことだ。

　ぼくは、専門分野として、不確実性の下で人々がどのような意思決定をするか、ということに関する研究

をしている。その研究の途上で、数学的な方法論としてシャプレー解の計算と同じ構造の数学理論と出会った。そこで、ついでに協力ゲームを勉強してみたところ、偶然に見つけたのが、この協力ゲームから「需要・供給の原理」を導く方法だったのである。

わかってみると、このアプローチこそ、ぼくがミクロ経済学を教えるうえで最も欲している素材だった。すなわちそれは、具体的で直接的な取引の姿を描写しながら、そこから需要曲線と供給曲線を導出する議論である。

学生たちも、このアプローチなら、経済活動というものをリアルな手触りをもって理解できるだろう。また、将来に実際の商取引に関わる中で、このようなアプローチを頭に思い浮かべ、それを取引に活かすことができるのではなかろうか。

以下、このアプローチをできるだけ丁寧に解説する。そのロジックは、今までに比べてかなり複雑で長い議論になるが、極力わかりやすくしたつもりなので投げずにがんばって読み進んでいただきたい。

商談を協力ゲームに仕立てる

本講では、「モノの売買」を協力ゲームの立場から分析する。これは一見、意外なことのように思えるだろう。私たちの経験するモノの売買は、あくまで個人的な行動のように見える。実際、コンビニに行ってモノを買うとき、それが「誰かとゲームをしている」と

か、「誰かと協力行動をしている」とは思わないだろう。

しかし、商談を日々繰り広げている社会人は、モノの売買が「勝負事」であったり、「協力行動」であったりすることを実感している。なぜなら、商談というのは、基本的には価格交渉であり、取引が成立すれば互いに利益が発生するが、破談になれば何も得られないからだ（徒労感だけが残る）。

つまり、商談というのは、いろいろな業者の間の利害関係にうまくバランスをとって、誰もが納得する契約をとりつけ、全員が利益にありつく行為だと考えることができる。こういう観点から、商談は協力ゲームの一種と見なせるだろう。実はコンビニでモノを買うときも、暗黙のうちに、このような協力ゲームが繰り広げられている、と考えることができるのである。

商談が協力ゲームだと理解するのに、最も適切でわかりやすい例は、中古住宅の売買の折衝だろう。

今、持ち家を売りたいaさんとそれを買いたいbさんがいるとする。aさんの自分の持ち家に対する内的評価は1000万円であり、bさんのその家に対する内的評価は1200万円だとする（内的評価については123ページ）。このとき、何らかの価格でこの中古物件の売買が成立すれば、2人合計での利益が発生するのである。それは以下のように考えるとわかる。

この中古物件について、例えば、1100万円での売買契約がなされたとする。このとき（仲介の不動産屋

の手数料等がないとすれば)、aさんは1000万円の価値だと思っている家を手放して1100万円の現金を得たのだから、100万円の利益(「余剰」)を得たことになる。他方、bさんは、1100万円の現金を手放して1200万円の価値だと思っている家を手に入れたのだから、差し引きで100万円の利益を得たことになる。2人合計では200万円の利益が発生している。

　実は、この2人合計の利益は、いくらで契約しても一定になるのがポイントだ。実際、価格p万円での売買がaさんとbさんの間で契約できたとしよう。このとき、aさんは、$(p-1000)$万円の利益を得ることができ、bさんは、$(1200-p)$万円の利益を手に入れる(ここで、利益がマイナスになった場合は損害だと見なす)。取引価格pによって、各自の利益は変化するが、2人の利益の合計は、

(aさんの利益) + (bさんの利益)
$= (p-1000) + (1200-p)$
$= 200$

と、常に合計は200万円である。なぜそうなるか、というと、138ページでも説明したように、売買価格の変化は、売り手と買い手の一方から他方への余剰の移転になるにすぎないからである。

　つまり、売買契約という「全員提携(2人提携)」が達成できれば、2人合計で200万円の利益が発生す

る。したがって、この構造は、次のような協力ゲームで記述することができる。

$v(\{a, b\}) = 200$
$v(\{a\}) = 0$
$v(\{b\}) = 0$

ちなみに、中古物件のように分割できず一つの単位のまま売買しなくてはならないモノの売買を、このように協力ゲームとして設定したのは、フォン・ノイマンとモルゲンシュテルンである（『ゲームの理論と経済行動』61.2節）。

この協力ゲームにおける解とは、２人提携の利益200万円の分配をどう提案したら、aさんとbさんの協力が達成できるか、ということだ。これは、売買価格を決めることと表裏の関係にある。例えば、200万円の利益を、aさんに150万円、bさんに50万円配分する、ということは、とりもなおさず、物件を1150万円で売買することを意味する。実際、価格が1150万円なら、aさんの利益は1150 − 1000 = 150万円、bさんの利益は1200 − 1150 = 50万円となる。

ぼくも、以前、中古物件の売買交渉を経験したことがあった。不動産のディーラーを間に挟んでの価格折衝は、まさに、このような協力ゲームの構造になっていた。

自分がいくらかの利益を上乗せしようという提案

（安く買いたたく提案）は、まさに取引相手の利益を同額だけ減らす提案となっている。できるだけ自分の利益を大きくしたいが、相手に商談から降りられて破談になってしまったら、すべてが水の泡となる。したがって、ぎりぎりの折衝を繰り広げながらも、なんとか協力（商談の成立）に持ち込もうと互いに努力するのである。

このように、世界のあらゆる場所で日々繰り広げられている商業活動は、すべて協力ゲームだと理解することができる。また、そう理解することによって、ビジネスの裏側に潜む原理・原則の一端をつかむことができる。

売買ゲームの解

売買ゲームの解はどうなるだろうか。

まず、シャプレー解を求めてみよう。

2人ゲームの場合のシャプレー解は、「2人提携で得られる利益」が「単独の利益の和」より増える、その増加分を折半して、各自の単独の利益に上乗せするものだった。したがって、増加分の200万円を2で割って、100万円ずつが各自の単独の利益（0円）に上積みされる。つまり、プレーヤーaに100万円、プレーヤーbに100万円を配分するのがシャプレー解となる。

このシャプレー解を、売買価格の側に戻してみてみよう。両者ともに100万円の利益を得るような売買価格pは、1100万円である。実際、この価格で売買すれ

ば、aさんは1100 − 1000 = 100万円の利益を得て、bさんも1200 − 1100 = 100万円の利益を得る。つまり、シャプレー解は、「両者の内的評価のちょうど真ん中の価格で売買する」というものである。

他方、コアはどうなるだろうか。

コアとは、「全体合理性」「個人合理性」「非ブロック性」を満たすような配分であった。2プレーヤーの場合には、提携は、1人提携と全員提携しかないので、「ブロック」ということが起きず、「全体合理性」と「個人合理性」だけを満たせばいい。

コアになる配分を「プレーヤーaにx万円、プレーヤーbにy万円」とすれば、全体合理性から、「$x + y = 200$」、個人合理性から、「xもyも0以上」、この二式が満たされればいい。これは要するに、「200を双方とも0以上になるように分ける」ということを意味する。これが売買ゲームのコアである。この場合、コアは無数にある。

このコアを、売買価格の側に戻してみよう。双方のプレーヤーが0以上の利益を得る、ということは、とりも直さず、価格pが

（プレーヤーaの利益） = $p − 1000 \geqq 0$

と

（プレーヤーbの利益） = $1200 − p \geqq 0$

とを同時に満たすように決まる、ということである。

したがって、価格pは1000万円以上1200万円以下ということになる。

　このとき、価格が1000万円以上1200万円以下のどの水準に決まるかは、双方の交渉力の強さに依存することになるだろう。

　売り手aの交渉力が強ければ、価格を1200万円に近づけることができ、aさんが200万円に近い利益を得ることができるし、逆なら、価格は1000万円に近づき、買い手bのほうが200万円に近い利益を得ることができる。交渉力が拮抗していれば、価格は中間の1100万円あたりに決まり、双方の利益は100万円ずつ程度となるだろう。まさにこれが先ほどのシャプレー解なのである。つまり、この場合は、シャプレー解もコアの一員となる。

　以上の結果を眺めれば、シャプレー解にせよコアにせよ、中古物件の売買価格として、非常に妥当なものを実現していることがわかるだろう。

買い手が2人になったら？

　フォン・ノイマンとモルゲンシュテルンに従って、分析を3人の場合に拡張しよう。前項の売り手aと買い手bに加えて、もう1人の買い手cが現れた場合である。つまり、買い手の間に競争が生じることになる。

　ここで、aさんの持ち家である中古物件に対する内的評価は、aさんとbさんに対しては、前に設定した

とおり（それぞれ1000万円、1200万円）とし、cさんについては1100万円であるとする。この場合、売買の結果にどういう影響があるだろうか。

まず、これを協力ゲームとして設定してみよう。

$v(\{a, b, c\}) = 200$ ……①
$v(\{a, b\}) = 200$ ……②
$v(\{a, c\}) = 100$ ……③
$v(\{b, c\}) = 0$ ……④
$v(\{a\}) = 0$ ……⑤
$v(\{b\}) = 0$ ……⑥
$v(\{c\}) = 0$ ……⑦

利益の構造を順に説明する。

まず、1人では売買が行えないから1人提携の利益は0である（⑤⑥⑦）。

次に、売り手aさんと買い手bさんが提携できたとき、すなわち、売買できたときの利益は、前項に説明したように、2人の内的評価の差である200万円が利益となる（②）。売り手aさんと買い手cさんが提携したとき、すなわち、売買できたときの利益は、同様にして、内的評価の引き算をした、1100 − 1000 = 100万円が利益となる（③）。bさんとcさんの提携の場合は、買い手同士なので売買は成立せず、利益は発生しない（④）。

残る全員提携の利益①が、最もわかりにくいだろ

う。1軒の中古物件を3人で契約するというのは不可能に見える。このときは、こんなふうなストーリーを頭に描くといいだろう。

　今、売り手aさんと買い手bさん、cさんが一堂に会しているとする。そして、aさんが誰に物件を売るか、その価格交渉をする。このときに、3人の中の誰か2人で別口の交渉や話し合いも同時に行われる、と考えるのである。

　例えば、bさんがcさんに「10万円出すから、売買交渉から降りてくれ」と持ちかけたりするかもしれない。もちろん、逆もありえるだろう。あるいは、あまり考えられないことではあるが、aさんがcさんに「20万円出すから、売買交渉に口を出さないでくれ」などと持ちかけてもいい。

　このような交渉プロセスのもとで、3人で話がまとまったときの利益はどうなるか、ということを定義したのが①式である。3人提携をまとめる場合、3人共同の利益が大きいほうがいいに決まっているから、aさんがbさんに売って生じる利益200万円が共同の利益になるだろう。これを3人で分け合う構造になっているわけだ。

　例えば、bさんがcさんに「10万円出すから、売買交渉から降りてくれ」と持ちかけて、それが成立し、aさんとbさんの間で1050万円の売買価格に決まったとしよう。この場合は、aさんの利益は1050－1000＝50万円、bさんの利益は1200－1050－10＝140万円、c

さんの利益は10万円ということになり、確かに合計で200万円になっている。

以上が①式の説明である。

買い手が多いと売り手が有利になる

さて、この3人売買ゲームのコアはどうなるだろうか。

プレーヤーa、b、cへの全員提携からの利益の配分をx万円、y万円、z万円とするとき、この配分がコアになる条件を与えよう。コアになるには、「全体合理性」「個人合理性」「非ブロック性」を満たせばいいから、次の七つの式が必要十分条件となる。

【全体合理性】　$x + y + z = 200$
【個人合理性】　$x \geq 0, \ y \geq 0, \ z \geq 0$
【非ブロック性】　$x + y \geq 200, \ x + z \geq 100, \ y + z \geq 0$

これを満たす配分はどうなるだろうか。実はあんがい簡単に答えを出せる。

まず、「非ブロック性」の最初の式から$x+y$が200以上でなければならないが、一方で「全体合理性」から$x+y+z$がぴったり200だ。この二つが両方成立するには、zは0または負でなければならない。しかし、「個人合理性」の最後の式からzは負になれない。だから、$z = 0$、と結論できる。すなわち、cさんの取り分は0円であり、200万円の利益はaさんとbさ

んで分ける、ということがわかった。

　では、cさんの存在は何も影響を与えないのか？実はそうでないのが面白いのである。zが0とわかったから、「全体合理性」より、$x + y$が200とわかり、さらに「非ブロック性」の2番目の式からxが100以上とわかる。よって、このゲームのコアは以下のようにまとめることができる。

　　$x + y = 200$，$200 \geqq x \geqq 100$，$100 \geqq y \geqq 0$，$z = 0$
　　を満たすx、y、zがコア

　つまり、aさんには最低でも100万円の利益が約束され、他方、bさんの利益は最大でも100万円止まりということになった。したがって、売買価格は1100万円以上1200万円以下、ということになる。

　買い手cさんがいなかった前項の結果では、売買価格が1000万円以上1200万円以下だったことを思い出そう。すると、もう1人の買い手cさんの登場で、売買価格の範囲が高いほうに狭まったことになる。そして、それは売り手aさんにとって有利なものとなったのだ。

　しかし、これは考えようによっては、当たり前のことである。もしも、bさんが、自分の利益を多くするために、1100万円より低い価格で買いたたこうとしたら、aさんは「それならcさんにその価格で売る」と言って、脅しをかければ効果がある。この脅しによ

って、bさんは売買価格交渉を1100万円より下げることができなくなってしまうのである。aさんは、もう1人の買い手cさんの存在を利用して、自分の交渉力をアップさせることができた、ということだ。この構造は、第6講で解説した拒否権を持つ投票ゲームと同じものである。

それでは、bさんはcさんにいくばくかの袖の下を渡して、交渉から降りてもらって、1100万円より低い価格で売買交渉を成立させられないのであろうか。実は、それは不可能であることが、ちゃんとコアの結果に織り込まれているのである。

仮にbさんがcさんに例えば10万円を渡すことで交渉から降りてもらうことを企んだ、としよう。この場合、売買価格は1100 − 10 = 1090万円未満に落とすことはできない。なぜなら、bさんが例えば1080万円で買おうとした場合、aさんがcさんに1089万円での売買価格の交渉をすれば、cさんはbさんからもらう10万円よりも大きな利益1100 − 1089 = 11万円を得られる。だから、bさんの提案する「10万円で手を引く」提案には応じないからである。したがって、bさんは最も買いたいても、1090万円までしか価格を下げられない。すると、得られる利益は、最大でも110 − 10 = 100万円で、結局はcさんに袖の下を渡さずに単にaさんとだけ直接交渉するのと何も変わらない結果になってしまう。

また、cさんが利益を得られない理由も、次のよう

に、直感的に説明することができる。もしも、ｃさんに利益があるとするなら、それはａさんとｂさんの売買で発生した利益200万円からいくばくかを渡したことになる。しかし、これはありえない。なぜなら、それならｃさんが得ているその額をａさんとｂさんが折半で得られるような売買価格に決め直したほうがａさんもｂさんも得をするからである。

こうして、もう１人の買い手ｃさんの存在は、ｃさんには何の利益も発生させず、しかし、ａさんとｂさんの利益の分配には影響を与える、ということが論証されたことになる。

以上は、決して荒唐無稽な数学上の話だけではあるまい。読者がビジネスパーソンであるなら、商談のもつれの中で、このような「第三者のライバル」の存在に遭遇していた経験があるに違いない。高校生や大学生であっても、友人同士の取引で、このような駆け引きが生じた経験があるだろう。

２人の売り手と２人の買い手の場合は？

最も重要なステップに進もう。それは、売り手も買い手も２名ずつになった場合である。この場合が理解できれば、一般の場合も想像がつくようになる。

もう１人の売り手ｄさんにご登場願う。ｄさんも持ち家を売りたいと考えているとする。ｄさんの持ち家について、少し奇異な仮定を置く。不動産というのは、一つとして同じものはないので、ｄさんの持ち家

への買い手の内的評価はaさんの持ち家への評価と異なるに決まっている。しかし、ここではあとの都合から読者に目をつぶってもらって、dさんの持ち家は、aさんのそれと区別がつかないものと仮定する。つまり、立地の利便性も建物も完全に同じ、とするのである。だから、dさんの持ち家への、bさんとcさんの内的評価は、aさんの持ち家と同じく、それぞれ1200万円、1100万円であるものとする。さらに、dさんの持ち家へのdさん本人の内的評価は1050万円と設定する。

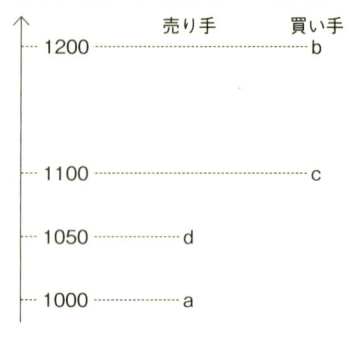

売り手も買い手も2人ずつの売買ゲーム

```
                売り手      買い手
 1200 ──────────────────── b


 1100 ──────────────────── c
 1050 ───────── d
 1000 ───────── a
```

この売買交渉を協力ゲームとして構成してみよう。

$v(\{a, b, c, d\}) = 250$ ……①
$v(\{a, b, c\}) = 200$ ……②
$v(\{a, b, d\}) = 200$ ……③

$$v(\{a, c, d\}) = 100 \quad \cdots\cdots ④$$
$$v(\{b, c, d\}) = 150 \quad \cdots\cdots ⑤$$
$$v(\{a, b\}) = 200 \quad \cdots\cdots ⑥$$
$$v(\{a, c\}) = 100 \quad \cdots\cdots ⑦$$
$$v(\{a, d\}) = 0 \quad \cdots\cdots ⑧$$
$$v(\{b, c\}) = 0 \quad \cdots\cdots ⑨$$
$$v(\{b, d\}) = 150 \quad \cdots\cdots ⑩$$
$$v(\{c, d\}) = 50 \quad \cdots\cdots ⑪$$
$$v(\{a\}) = 0 \quad v(\{b\}) = 0 \quad v(\{c\}) = 0 \quad v(\{d\}) = 0$$
$$\cdots\cdots ⑫⑬⑭⑮$$

15本も式があるので、頭がクラクラする人もいると思うが、①以外は、売り手1人、買い手2人に解説したケースと同じ。本質的な構造は簡単なので、惑わされないでほしい。要は、1人提携の利益はゼロ（⑫⑬⑭⑮）、売り手しかいない提携の利益はゼロ（⑧）、買い手しかいない提携の利益はゼロ（⑨）、売り手も買い手も存在する提携の利益は、内的評価が最も離れた売り手と買い手の内的評価の差（②③④⑤⑥⑦⑩⑪）となっている、というだけのことだ。

残る①式だけは、新たなタイプなので、これだけ解説しよう。

これは、2人の売り手（aさんとdさん）と2人の買い手（bさんとcさん）の4人が一堂に会して、話し合いや交渉をして、売買を成り立たせたときの利益を意味している。もちろん、利益が最大になるのは、二つの物

件がともに売買がなされたときだ。

　仮に、aさんとbさんが売買し、dさんとcさんが売買をしたときはどうなるか。前者では利益が1200 − 1000 = 200万円生じ、後者では1100 − 1050 = 50万円生じる。したがって、4人合計で250万円の利益が生じるわけである。

　このことは、aさんとcさんが売買し、dさんとbさんが売買をした場合も同じ利益になるから、うまくできている。前者の利益は1100 − 1000 = 100万円、後者の利益は1200 − 1050 = 150万円だから、4人合計でやっぱり250万円である。これは、結局は、

4人提携の利益
= (買い手の内的評価の和) − (売り手の内的評価の和)
= (1200 + 1100) − (1050 + 1000)　　……（＊）

を意味している。当たり前である。モノの売買で生まれる利益を「余剰」と呼んだわけだが、それはモノが評価の低い人から高い人に渡った結果、生まれる差額であったからだ。

　もちろん、4人の交渉は2人ずつのペアで売買する、という簡単なものだけではない。誰かが誰かへお金を渡して売買相手を譲ってもらう、ということだってありうる。そういったことを踏まえても、4人の交渉がまとまって生まれる利益は、この250万円を超えることができないのは、（＊）式から当たり前であ

る。これで①式の意味が完全に明らかになった。

売り手も買い手も2人ずつの場合のコア

では、売り手も買い手も2人ずつの売買ゲームのコアを求めよう。

導出するロジックは少し長いので、結果を先に言ってしまって、理屈はあとまわしにする。このゲームのコアは、以下のようになる。

> 売り手と買い手のペア2組は、どちらも同一の価格p万円で取引をし、その際の価格pは、$1100 \geqq p \geqq 1050$を満たす。

ここには、二つの内容が含まれていることに注意しよう。

第一は、売り手と買い手のペアが2組できることになるのだが、その2組で売買価格が同一になる、ということである。これはかなり意外に感じるだろう。経済学では「一物一価の法則」と呼ばれる。同じ商品には同じ価格が付くことになる、ということだ。

第二は、その同一価格は、最も内的評価が近い売り手と買い手(この場合、dさんとcさん)の内的評価の間になる、ということである。すなわち、売買価格の可能性は、かなり狭い範囲にしぼりこまれるのだ。

どうしてこうなるかは、次項で解説するが、もしも論理展開を面倒くさいと感じたら、次項はいったん読

第7講 「社会の協力」から「需要・供給の原理」へ

売り手も買い手も２人ずつの売買ゲームのコア

```
         売り手      買い手
 1200 ............... b
 
 
 1100 ............... c
                              ２組ともこのあたりの
 1050 ....... d                同一の価格で取引する
 
 1000 ....... a
```

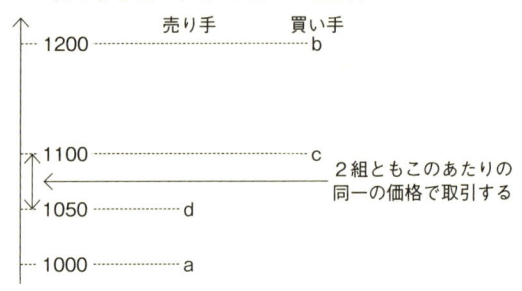

み飛ばして、先を読んでからもどってきても（あるいは読み飛ばしたままにしても）よいと思う。

「一物一価の法則」の証明

　売り手も買い手も２人ずつの売買ゲームのコアが前項で与えたものになることを証明しよう。図を利用して証明するので、コアにおける各プレーヤーの配分の金額を図のような「矢印の長さ」で表現しておく。

各プレーヤーの配分の図示（矢印の長さが、配分の金額）

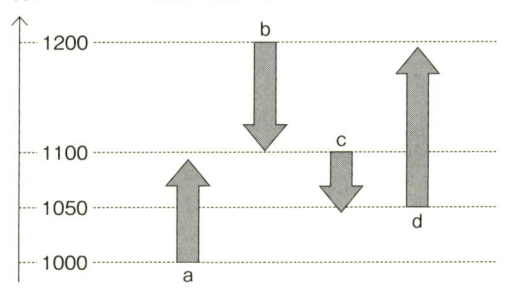

売買を「aさんとbさん同士、dさんとcさん同士で行う」場合でも、「aさんとcさん同士、dさんとbさん同士で行う」場合でも、考え方は同じなので、前者だと仮定して議論を進めることにしよう。

まず、図1のようにならないこと、すなわち、aさんとbさんの配分の和が200未満ということがない、ということを証明する。

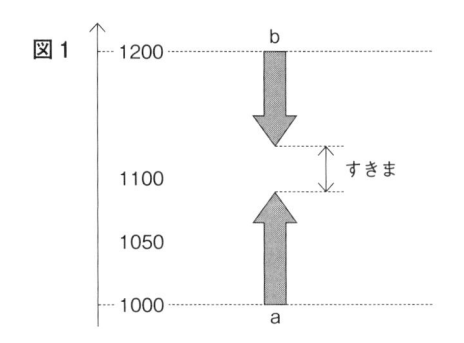

図1

```
        b
1200 ┄┄┄┄┄┄
        ↓
            ↕ すきま
1100 ┄┄┄┄┄┄
        ↑
1050
1000 ┄┄┄┄┄┄
        a
```

なぜなら、⑥式からこの2人の提携が200万円の利益を発生させるので、このようなすきまがあるなら、提携 {a, b} によってブロックされてしまうからである。

次に図2（次ページ）のようにもならない、すなわち、aさんとbさんの配分の和が200万円を超えることはない、ということを証明しよう。

図2

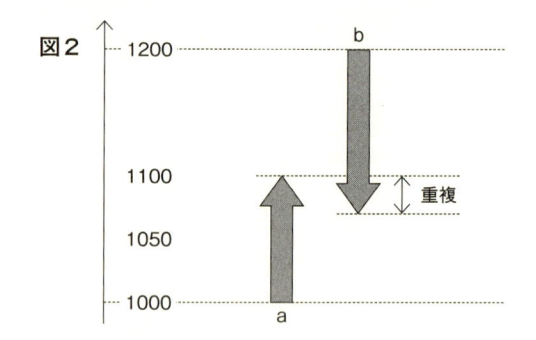

前項の（*）式を考慮すれば、aさんとbさんの配分の和が200万円を超える、ということは、dさんとcさんの配分の和が50万円を下回る、ということになるので、図3のようになってしまう。

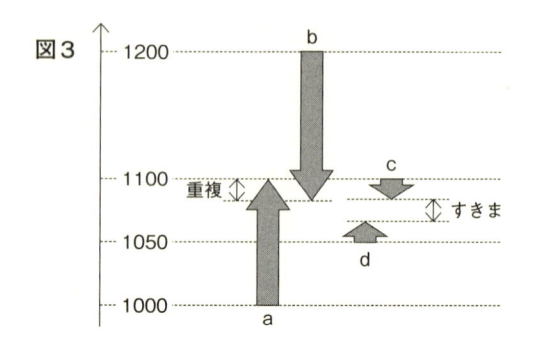

図3

しかし、このようにすきまがあくことは、cさんとdさんの提携で50万円の利益が発生する（⑪式）ことから、提携 $\{c, d\}$ にブロックされてしまい、コアに

ならない。

以上によって、図4のように、aさんとbさんの配分の和がちょうど200万円になることが決定した。

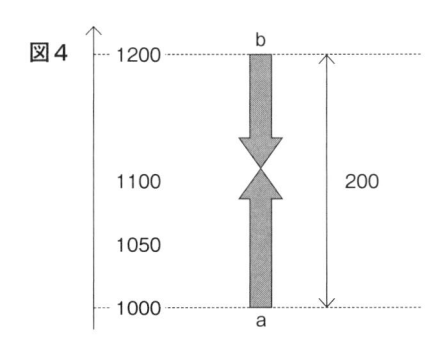

図4

まったく同様にして、cさんとdさんの配分の合計が50万円になることも証明できるから、結局、図5のようになることがわかる。

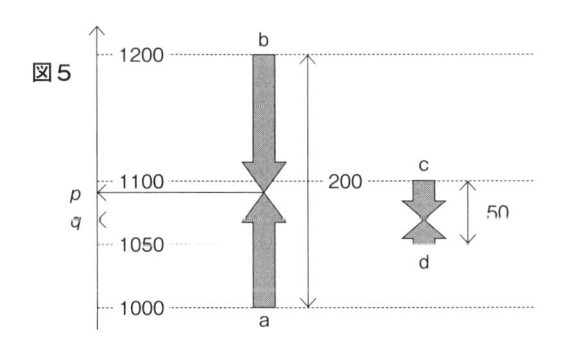

図5

図5は、aさんとbさんはp万円で売買し、dさんとcさんはq万円で売買したことを意味している。

次にpとqが一致しなければならないこと（一物一価の法則）を証明しよう。実際、図5のようにpとqが異なっていて、仮にpがqより高いとするなら（逆でも議論は同じになる）、bさんとdさんの提携に注目すればいい。図6を見てみよう。

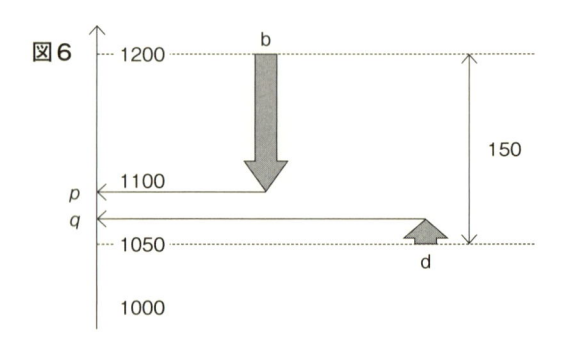

図6

```
         1200 ─────── b ────────┐
                      ↓         │
                      ↓         │ 150
                      ↓         │
p ←───── 1100                   │
q ←────────────────────────────│
         1050 ←────────── ▲
                          d
         1000
```

この場合、bさんとdさんの配分の和は、150万円未満になってしまう。しかし、⑩式から、bさんとdさんの提携は150万円の利益を生み出すから、提携{b, d}はこの配分をブロックしてしまうことになる。すなわち、コアにはならない。これによって、$p = q$が証明され、一物一価の法則が示されたことになる。

最後に、この共通の取引価格pが1100万円を上回ったり、1050万円を下回ったりすることは不可能であることを証明する。

これは簡単である。もしも、1100万円を上回ると、cさんの配分が負となるが、これは個人合理性に反する。同様にして、1050万円を下回ると、dさんの配分が負となり、これも個人合理性に反する。よって、共通の取引価格は1100万円以下1050万円以上でなければいけないことが証明された。結局、図7のようになる、ということである。

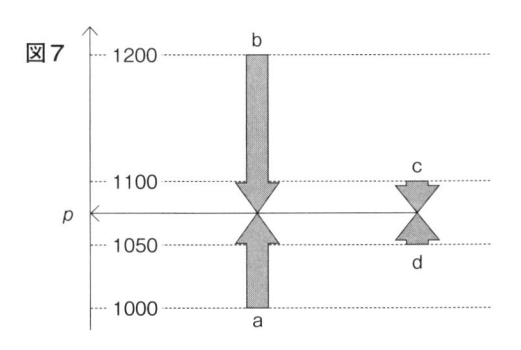

図7

　少し、入り組んだ議論だったと思うが、非ブロック性を順に使っていくことで、図7だけが可能な図示であることにたどりついたのである。

片方が取引できないケース
　売り手も買い手も2人ずつの場合で、結果が異なるケースもざっと見ておこう。前項で解説していたのは、どの買い手の内的評価も、どの売り手の内的評価より高い場合だった。この場合は、コアにおいては、

2組の売買が成立した。もう一つのケースとは、1組しか売買が成立しない場合である。

今、2人目の売り手のdさんの自分の持ち家に対する内的評価が(先ほどの1050万円ではなく)1150万円だったとしよう。

売り手も買い手も2人ずつの売買ゲーム

```
              売り手      買い手
- 1200                     b
- 1150         d
- 1100                     c
- 1000         a
```

この場合、売り手dさんの内的評価のほうが、買い手cさんの内的評価より高いので、cさんとdさんの取引は成立せず、売買はaさんとbさんの1組だけによって行われることになる。このケースのコアがどうなるかは、これまでに解説してきた「売り手1人と買い手2人のケース」と「売り手も買い手も2人ずつのケース」とを合わせて考えれば、そんなに悩まずにわかると思うので、結果のみを記すことにしよう。コアは、次のような売買になる。

売り手dさんと買い手cさんは、売買ができず、配分は0となるが、取引への影響力は持っている。それ

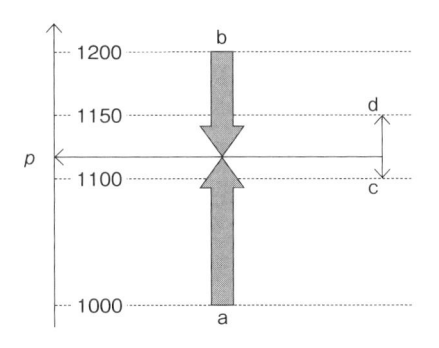

は、売り手aさんと買い手bさんの売買価格がcさんの内的評価1100万円より低くなることが妨げられ、dさんの内的評価1150万円より高くなることが妨げられる、ということである。実際、例えば、aさんが1152万円の価格をbさんに提案したら、bさんは「それならdさんから1151万円で買うから」と脅しをかければよい。このような圧力が背景にあるために、aさんは1150万円より高い価格を持ちかけることができなくなる。1100万円より低くできない理由は、211ページですでに解説してある。

需要と供給を協力ゲームで読みとく

　以上の議論は、売り手の人数と買い手の人数が何人になってもまったく同じに展開できる。したがって、複数の売り手・買い手の売買ゲームのコアは以下の手続きから求められることが判明する。

　まず、内的評価が最も低い売り手と最も高い買い手

をペアにする。次に、内的評価が2番目に低い売り手と2番目に高い買い手をペアにする。以下、同様な作業を続け、組になった売り手と買い手の内的評価が逆転したら（つまり、前者の評価が後者より高くなったら）手続きをストップさせる。

ストップしたときの組を第n組目としよう。実際に取引できるのは、最後の1組を除く第$(n-1)$組目までであり、その売買価格はすべて同一のpとなる（一物一価）。価格pの存在できる範囲は、「第$(n-1)$番目の組の内的評価の間の範囲」と「第n組目の組の内的評価の間の範囲」の重なった部分である。

このことは、今までの議論から容易に類推できることと思うので、説明は省略し、具体例によって確かめてもらうことにしよう。

ここで、第4講のオークションの例に再び登場願うこととする。

今、何かの中古品（例えば、マンガの古本）を売りたい人5人と買いたい人5人が一堂に会している。売りたい人は、各自1冊ずつ古本を持ってきている。買いたい人5人は、各自、そのうちの1冊だけを欲している。5人の売り手と5人の買い手の内的評価は次の表のものとなっていた。

今度は、この10人の売買を協力ゲームに仕立てて、そのコアを考えてみることにしよう。

協力ゲームに仕立てる方法は、何度も解説したので、ここでは省略する。コアは、上記の手続きをその

売り手	A	B	C	D	E
内的評価	210円	330円	450円	770円	1020円

買い手	U	V	W	X	Y
内的評価	30円	110円	620円	880円	950円

まま実行すれば、簡単に求まる。

　まず、最も内的評価の低い売り手であるAさんと最も内的評価の高い買い手のYさんとをペアにしよう。後者のほうが前者より評価が高いので売買は成立する（1組目）。

　次に、2番目に内的評価の低い売り手であるBさんと2番目に内的評価の高い買い手のXさんとをペアにしよう。やはり、後者のほうの評価が前者より高いので売買が成立する（2組目）。

　さらに、3番目に内的評価の低い売り手であるCさんと3番目に内的評価の高い買い手のWさんとをペアにしよう。これも、後者のほうの評価が前者より高いので売買が成立する（3組目）。

　そして、最後に、4番目に内的評価の低い売り手であるDさんと4番目に内的評価の高い買い手のVさんとをペアにしよう。今度は評価が逆転し、前者のほうが後者より高いので、これは売買が成立しない。したがって、ここでペアを作る作業はストップする。

　すると、売り手のAさん、Bさん、Cさんが売ることができ、買い手のWさん、Xさん、Yさんが買うこ

とができることになる。

　売買価格pはすべて同一（一物一価）になる。このpは、3番目の組の内的評価の間になければならない。すなわち、$620 \geqq p \geqq 450$を満たす。さらに、4番目の組の内的評価の間にもなければならず、すなわち、$770 \geqq p \geqq 110$を満たす。この不等式の両方を満たすpは、結局、$620 \geqq p \geqq 450$を満たすものである。したがって、以下の結論が得られた。

　売り手のAさん、Bさん、Cさんと買い手のWさん、Xさん、Yさんが売買することができる。売買価格は全員同一で、450円以上620円以下となる。

以上の作業を、グラフにすると、次のようになる。

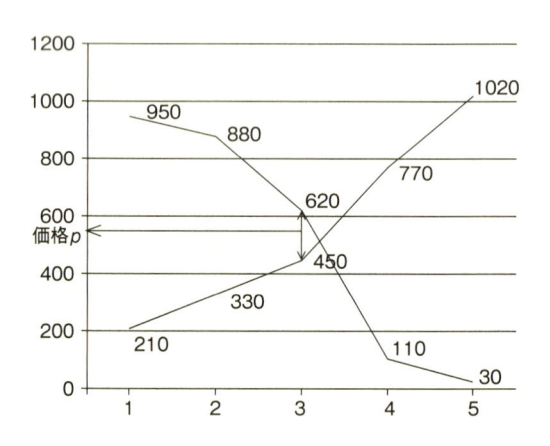

これはまさに、第4講の132ページで、オークションの結果に対して与えた需要曲線と供給曲線のグラフであることは一目瞭然であろう。ただし、132ページのものとは、横軸と縦軸が逆さになっている。
　次に、この協力ゲームによる全体提携の利益を求めよう。これは、216ページの（＊）式を使えば簡単にわかる。

　全員提携の利益
　＝（買い手の内的評価の和）－（売り手の内的評価の和）
　＝（950＋880＋620）－（210＋330＋450）
　＝1460円

　これは、オークションのところで説明した（136ページ）社会の総余剰と同じ数値になっている。

　以上によって、協力ゲームとしての売買ゲームのコアは、オークションによる「需要・供給の原理」とほとんどぴったり同じ結果をもたらすことが発見できただろう。
　つまり、売買ゲームとは、需要と供給の一致という経済学の一大原理を、「集団の協力」という視点から論証し直したものと見ることができる。
　市場を、孤立した身勝手な個人が自由にアクセスする場と捉え、彼らの欲望を調和させるための仕組みが需要と供給の一致だとみる見方がある一方、まったく

逆に、市場というものを、個人たちの交渉と話し合いの場と捉え、誰も離脱しないような（非ブロック性を満たす）提携を達成するプロセスが需要と供給の一致だとみる見方もある、ということなのである。

このように、個人と集団の双方向から同じ結論が得られることで、「需要・供給の原理」が、いかに頑健な経済原理であることかが、十分に理解できたことと思う。

第4講での「需要・供給の原理」は、オークションというシステムの人数一致原則に強く依存していた。だからある意味では、「仕組まれた結論」「単なる定義」だということもできる。他方、本講では、部分的なグループにブロックされることを回避する、ということから取引価格が狭められていくことになって、必然的に「需要・供給の原理」が導かれることになっている。つまり、第4講よりずっと強い必然性が働いている、と見ることができる。

ゲーム理論という、人々の利益追求行動を具体的に描写するツールの開発によって、「需要・供給の原理」が再発見された、と言っても過言ではない。

このように、経済学はじわじわと進歩している。その歩みはゆっくりすぎるかもしれないが、しかし着実に新しい境地に向かっているのである。このような小さな前進の積み重ねが、それだけが、遠い将来に、経済学を本物の科学に成長させるのであろう。

長いあとがき
経済学はどんな未来を見つめているか

　本書は、帝京大学でのぼくの講義「入門ミクロ経済学」をベースにし、それに大幅にトピックスを増補したものとなっている。どうしてこういう形式の講義を組み立てたかについては、「開講の前に」で詳しく書いたのでここではくり返さない。要するに、古くさいくせに無駄に難しく、学生たちの将来に何の足しにもならない経済学の講義をしたくなくて、試行錯誤しながら新しい教授法を模索した、ということである。

　本書を書き終えた今感じているのは、ぼくの経済学に対する矛盾した二つの感情が生のまま表れているな、ということだ。

　ぼく自身は、経済学が数理科学としてとても面白く、また大きな可能性を秘めたものだと思っている。物質の運動ならまだしも、人間の行動なんかを数学で法則化するなど、とんでもなく画期的なことだ。信じられないくらいスゴイことだ。経済学は、それに部分的には成功し、匍匐前進ながらも成果をあげてきている。そんな「経済学の思考法」の面白さを、本書の読者に平易に伝えることができたのではないか、そう自負している。

　その一方で、経済学の非現実性と非力さとをあから

さまに書いてしまった、という「暴露感」もある。経済学の非現実性や非力さには、研究するうえでは何の躊躇も感じない。どんな学問も、それが野のものか山のものかは、数十年・数百年の時を経なければ結論が出ない。学者にとって学問は、興味深いものでありさえすればいいのだ。遠い将来、経済学が完全無欠の科学に成長した暁に、自分の研究がそれと細い糸でつながっていてくれれば本望である。

　しかし、学生に講義するときは話が別だ。現実とは程遠いものをあたかも現実かのように語ったり、役に立たないものをあたかも役に立つかのように見せかけたりすることに、ある種の後ろめたさを感じるのである。本書では、そういう「経済学の未熟」「経済学の欺瞞」を包み隠さず語ってしまったと思う。

　経済学者の著作のほとんどには、「経済学が現実を説明できている」という大前提が見られる。新聞記事などで経済について語る経済学者もみな自信満々だ。
　はっきり言って、ぼくにはそういう態度は理解できない。そういう人たちが、本当にそう信じきって言っているのか、職業的立場からわざとそういうスタンスをとっているのかはわからないが、ぼくの感覚とは大きく異なる。「開講の前に」で説明したように、現実解析の理論としては、経済学は物理学から数百年分遅れた段階にしかないというのが、ぼくの正直な認識なのである。

ここで勘違いしていただきたくないのは、だからと言って、「経済学批判」のような態度をとる人々にはもっと同調できない、ということである。そういう人たちは、たいてい批判だけして代案を提出しない。仮に「代案っぽいもの」を打ち出しているとしても、それは自分の印象や思い込みを文章で飾っているだけのもので、無根拠で検証性も有しない。そういうものは、決して科学とは呼べず、未来永劫何も生み出すことはあるまい。

　いくら現在の経済学が「自分が現実だと信じこんでいるもの」を立証してくれないからといって、イライラして数理科学的な方法論を見下すのはお門違いである。自分の印象論を無根拠に押しつけるのは簡単なことだが、それは知性の放棄以外の何ものでもないと思う。

　多くの人は誤解しているが、数学というのは人類が用いる最も簡単な言語だ。しかも「数学の論理で示されたことは、前提が正しい限り必ず正しい」という非常にみごとな性質を備えている（論理の健全性と呼ばれる）。だから、前提だけを検証すればいい。

　一方、数学以外の論理を使っている論証は、前提は正しくても結論が間違っていることが往々にしてある。だから、いつまでたっても水掛け論から抜け出せない。そういう意味で、ぼくは、経済学は数理科学であるべきだと思っているし、それしか成功の道はないと信じている。ただ、その道のりは気が遠くなるほど

長いというだけだ。

　それでは、数学の論理を同じように用いる科学でありながら、経済学と物理学ではどこがどう異なっているだろうか。

　最も重要な違いは、「法則の正しさ」の検証に関して、物理学は特有の方法論を完成させているが、経済学はそうではない、ということであろう。経済学が「数学の理論による演繹」と「データによる検証」を備えたので物理学と同じ水準になった、と信じている人がいるようだが、それは大きな勘違いである。

　物理学のそれぞれの法則は、「数学の論理による演繹」と「データによる検証」だけを支えにしているわけではない。もっと大切なことがあるのだ。それは、さまざまな法則が、相互に関連しあう「網目構造」を形成しており、その「網目構造」が法則の正しさを堅固に支えている、ということである。

　物理学には、力学のニュートンの方程式、電磁気学のマックスウェルの方程式、熱力学のクラウジウスの原理、統計力学のボルツマンの原理、量子力学のシュレディンガー方程式、相対性理論のアインシュタインの原理など、たくさんの方程式や原理がある。大事なのは、それらの法則が、単に個々に孤立した実験によって確かめられているばかりではなく、緊密に連関しあっている、ということなのだ。複数の法則を組み合わせると、特有の物理現象を説明できたり予言できた

りする。さらにそれらの現象が、実験で検証される。ニュートン力学と電磁気学の重なりの現象、電磁気学と量子力学の重なりの現象、量子力学と相対性理論の重なりの現象、みたいな具合で、多くの原理が重なりの現象を持ち、それらが複雑な網目模様を構成しているのである。

　このような網目構造の利点は何か。それは、一度打ち立てられた法則は、簡単には覆せない、ということだ。

　例えば、2011年に、「ニュートリノは光速を超えている」という実験結果が報告され、相対性理論が間違っている可能性が指摘されて話題となった。しかし、多くの物理学者はこの実験結果を簡単に信じることをしなかった。実験の条件に何か見落としがあるに違いないと考えた。その理由はこういうことだ。「物質の運動は光速を超えることはできない」という相対性理論の結果は、他の分野の法則と絡めることで、あまりにたくさんの事実を説明できる。もしも相対性理論が間違いなら、それらの事実はみな崩れ去ってしまう。別の原理で、それらすべてを整合的に説明できる何かがあるというのは、あまりに奇跡のようなことで、まず考えられないのである。だから、「実験が相対性理論を崩した」とは考えず、「実験自体に間違いがある」と信じたのだ。実際、2012年に行われた再実験によって、前年の実験結果は撤回された。

　他方、経済学のほうは、「数学の論理による演繹」

と、多少の「データによる検証」を備えているが、残念ながら、物理学のような網目構造を持っていない。だから、物理学の法則たちが備えている頑強な真理性を持つには至っていないのである。

　しかし、第1講で解説したように、経済学が物理学を模倣することは原理的に無理なのだ。だから、経済学は「物理法則の網目構造」に匹敵する、何か別の固有の原理を見つけなければならないだろう。それはまだ端緒さえつかめない状態だと思う。けれども、ぼくは落胆していないし、諦めてもいない。本書に書いたような「経済学の思考法」を地道に積み重ねていくことで、いつか経済学固有の原理が打ち立てられるだろう。それは、「物理法則の網目構造」とは似ても似つかないものであるに違いないが、新しい科学的方法論の輝かしい誕生となるはずである。そう信じて疑わない。

　実は、本書は、初稿から第二稿になる段階で大きく変容した。講談社現代新書の担当編集者である川治豊成さんの指摘が大きな影響を与えた結果だ。初稿では、ダイレクトにミクロ経済学の解説だけを行っていた。しかし、川治さんは、その初稿の中にぼくの「迷い」を見抜いた。

　指摘されてみると、確かに、ぼくの解説の中には、「開講の前に」で書いたようなぼくの経済学に対する二重の感情が入り交じっていた。それが、読者を混乱

させる恐れがあった。しかし、川治さんは、その矛盾した二重性を否定するどころか、むしろ表に出すべきだという提案をしてくださった。

ぼくは意表を突かれ、半信半疑で「開講の前に」にあたる部分を新たに加筆した。そうすると、あまり自覚していなかった経済学への複雑な感情が自分の中でもはっきり目鼻を持つようになった。その結果、第1講から第7講を初稿とは異なる形で書き換えるアイデアをつかむことができた。

このようにして、第二稿は初稿とはかなり異なるものとなったのである。この変容は、読者にとっても良いことだったと信じる。優秀な編集者と仕事をすることは、完成した本の出来映え以外にも、書き手に貴重なものを与えてくれるものだと再認識させていただいた。そういう意味で、川治さんにはとても感謝している。

本書は企画がずいぶん前に立てられながら、なかなか着手できずにいた。そんな重い筆を奮い立たせるきっかけになったのは、現代新書の元担当編集者であった阿佐信一さんの急逝だった。

阿佐さんとは、現代新書の前二作、『文系のための数学教室』と『数学でつまずくのはなぜか』を一緒に作った。この二冊は、評判になり実績もあげた。何より、阿佐さんとの仕事はとても気持ちの良いもので、ぼくは阿佐さんのおかげで書き手として大きく成長で

きたと思う。その阿佐さんが、今年の3月、宿痾との闘いに敗れ、帰らぬ人となった。ぼくは、どうしようもない悲しみの中、弔いのつもりで本書を一気に書き上げた。まるで、阿佐さんに書かされているような心地だった。だから本書は、優れた編集者だった阿佐信一さんへの追悼の書としたいと思う。

　混迷する経済・政治・社会の中、本書が若い人たちが未来を考える道具になることを祈って。

2012年9月　小島寛之

参考文献

アダム・スミス『国富論』山岡洋一訳、日本経済新聞出版社、2007年
ハーバート・ギンタス『ゲーム理論による社会科学の統合』成田悠輔・他訳、NTT出版、2011年
林敏彦『需要と供給の世界』（改訂版）日本評論社、1989年
ジョーン・ロビンソン『異端の経済学』宇沢弘文訳、日本経済新聞社、1973年
坂井豊貴『マーケットデザイン入門』ミネルヴァ書房、2010年
P.R.クルーグマン、M.オブズフェルド『クルーグマンの国際経済学』（原著第8版）山本章子・他訳、ピアソン桐原、2010年
グレゴリー・マンキュー『マンキュー マクロ経済学』（第2版）足立英之・他訳、東洋経済新報社、2003年
松井彰彦『高校生からのゲーム理論』ちくまプリマー新書、2010年
J.フォン・ノイマン、O.モルゲンシュテルン『ゲームの理論と経済行動』銀林浩・他訳、ちくま学芸文庫、2009年
船木由喜彦『エコノミックゲームセオリー』サイエンス社、2001年
鈴木光男、武藤滋夫『協力ゲームの理論』東京大学出版会、1985年
田崎晴明、小島寛之、加藤岳生「自然からの出題にいかに答えるか」、『現代思想』vol.38-11所収、青土社、2010年
小島寛之、松原望『戦略とゲームの理論』東京図書、2011年
小島寛之『使える！経済学の考え方』ちくま新書、2009年
小島寛之『景気を読みとく数学入門』角川ソフィア文庫、2011年
小島寛之『数学的思考の技術』ベスト新書、2011年
Holt,C., Langan,L., and Villamil,A., "Market Power in an Oral Double Auction", Economic Inquiry, vol.24, 1986.
Leibenstein,H., "Bandwagon, Snob and Veblen Effects in the Theory of Consumer's Demand", Quarterly Journal of Economics, vol.64, 1950.
Kiyotaki,N., and Wright.R, "On Money as a Medium of Exchange", Journal of Political Economy, vol.97, 1989.
Littlechild,S.C., and Owen,G., "A Simple Expression for the Shapely Value in a Special Case", Management Science, vol.20, 1973.

N.D.C.331 240p 18cm
ISBN978-4-06-288178-4

講談社現代新書 2178
ゼロからわかる　経済学の思考法
2012年10月20日第1刷発行

著　者	小島寛之	©Hiroyuki Kojima 2012
発行者	鈴木　哲	
発行所	株式会社講談社	
	東京都文京区音羽二丁目12-21　郵便番号 112-8001	
電　話	出版部 03-5395-3521	
	販売部 03-5395-5817	
	業務部 03-5395-3615	
装幀者	中島英樹	
印刷所	凸版印刷株式会社	
製本所	株式会社大進堂	
定価はカバーに表示してあります　Printed in Japan		

本書のコピー、スキャン、デジタル化等の無断複製は著作権法上での例外を除き禁じられています。本書を代行業者等の第三者に依頼してスキャンやデジタル化することはたとえ個人や家庭内の利用でも著作権法違反です。Ⓡ〈日本複製権センター委託出版物〉
複写を希望される場合は、日本複製権センター（03-3401-2382）にご連絡ください。
落丁本・乱丁本は購入書店名を明記のうえ、小社業務部あてにお送りください。
送料小社負担にてお取り替えいたします。
なお、この本についてのお問い合わせは、現代新書出版部あてにお願いいたします。

「講談社現代新書」の刊行にあたって

教養は万人が身をもって養い創造すべきものであって、一部の専門家の占有物として、ただ一方的に人々の手もとに配布され伝達されうるものではありません。

しかし、不幸にしてわが国の現状では、教養の重要な養いとなるべき書物は、ほとんど講壇からの天下りや単なる解説に終始し、知識技術を真剣に希求する青少年・学生・一般民衆の根本的な疑問や興味は、けっして十分に答えられ、解きほぐされることがありません。万人の内奥から発した真正の教養への芽ばえが、こうして放置され、むなしく滅びさる運命にゆだねられているのです。

このことは、中・高校だけで教育をおわる人々の成長をはばんでいるだけでなく、大学に進んだり、インテリと目されたりする人々の精神力の健康さえもむしばみ、わが国の文化の実質をまことに脆弱なものにしています。単なる博識以上の根強い思索力・判断力、および確かな技術にささえられた教養を必要とする日本の将来にとって、これは真剣に憂慮されなければならない事態であるといわなければなりません。

わたしたちの「講談社現代新書」は、この事態の克服を意図して計画されたものです。これによってわたしたちは、講壇からの天下りでもなく、単なる解説書でもない、もっぱら万人の魂に生ずる初発的かつ根本的な問題をとらえ、掘り起こし、手引きし、しかも最新の知識への展望を万人に確立させる書物を、新しく世の中に送り出したいと念願しています。

わたしたちは、創業以来民衆を対象とする啓蒙の仕事に専心してきた講談社にとって、これこそもっともふさわしい課題であり、伝統ある出版社としての義務でもあると考えているのです。

一九六四年四月　野間省一

哲学・思想 I

- 66 哲学のすすめ —— 岩崎武雄
- 159 弁証法はどういう科学か —— 三浦つとむ
- 501 ニーチェとの対話 —— 西尾幹二
- 871 言葉と無意識 —— 丸山圭三郎
- 898 はじめての構造主義 —— 橋爪大三郎
- 916 哲学入門一歩前 —— 廣松渉
- 921 現代思想を読む事典 —— 今村仁司 編
- 977 哲学の歴史 —— 新田義弘
- 989 ミシェル・フーコー —— 内田隆三
- 1001 今こそマルクスを読み返す —— 廣松渉
- 1286 哲学の謎 —— 野矢茂樹
- 1293「時間」を哲学する —— 中島義道

- 1301〈子ども〉のための哲学 —— 永井均
- 1315 じぶん・この不思議な存在 —— 鷲田清一
- 1357 新しいヘーゲル —— 長谷川宏
- 1383 カントの人間学 —— 中島義道
- 1401 これがニーチェだ —— 永井均
- 1420 無限論の教室 —— 野矢茂樹
- 1466 ゲーデルの哲学 —— 高橋昌一郎
- 1504 ドゥルーズの哲学 —— 小泉義之
- 1575 動物化するポストモダン —— 東浩紀
- 1582 ロボットの心 —— 柴田正良
- 1600 存在神秘の哲学 —— 古東哲明
- 1635 ハイデガー=存在と時間の哲学 —— 谷徹
- 1638 これが現象学だ —— 谷徹
- 1638 時間は実在するか —— 入不二基義

- 1675 ウィトゲンシュタインはこう考えた —— 鬼界彰夫
- 1783 スピノザの世界 —— 上野修
- 1839 読む哲学事典 —— 田島正樹
- 1883 ゲーム的リアリズムの誕生 —— 東浩紀
- 1948 理性の限界 —— 高橋昌一郎
- 1957 リアルのゆくえ —— 大塚英志/東浩紀
- 1996 今こそアーレントを読み直す —— 仲正昌樹
- 2004 はじめての言語ゲーム —— 橋爪大三郎
- 2048 知性の限界 —— 高橋昌一郎
- 2050 超解読！はじめてのヘーゲル『精神現象学』—— 竹田青嗣/西研
- 2084 はじめての政治哲学 —— 小川仁志
- 2099 超解読！はじめてのカント『純粋理性批判』—— 竹田青嗣
- 2153 感性の限界 —— 高橋昌一郎

A

哲学・思想 II

- 13 論語 —— 貝塚茂樹
- 285 正しく考えるために —— 岩崎武雄
- 324 美について —— 今道友信
- 445 いかに生きるか —— 森有正
- 846 老荘を読む —— 蜂屋邦夫
- 1007 日本の風景・西欧の景観 —— オギュスタン・ベルク／篠田勝英訳
- 1123 はじめてのインド哲学 —— 立川武蔵
- 1150 「欲望」と資本主義 —— 佐伯啓思
- 1163 「孫子」を読む —— 浅野裕一
- 1247 メタファー思考 —— 瀬戸賢一
- 1248 20世紀言語学入門 —— 加賀野井秀一
- 1278 ラカンの精神分析 —— 新宮一成
- 1358 「教養」とは何か —— 阿部謹也
- 1436 古事記と日本書紀 —— 神野志隆光
- 1439 〈意識〉とは何だろうか —— 下條信輔
- 1458 シュタイナー入門 —— 西平直
- 1542 自由はどこまで可能か —— 森村進
- 1544 倫理という力 —— 前田英樹
- 1554 丸山眞男をどう読むか —— 長谷川宏
- 1560 神道の逆襲 —— 菅野覚明
- 1741 武士道の逆襲 —— 菅野覚明
- 1749 自由とは何か —— 佐伯啓思
- 1763 ソシュールと言語学 —— 町田健
- 1849 系統樹思考の世界 —— 三中信宏
- 1867 現代建築に関する16章 —— 五十嵐太郎
- 1875 日本を甦らせる政治思想 —— 菊池理夫
- 2009 ニッポンの思想 —— 佐々木敦
- 2014 分類思考の世界 —— 三中信宏
- 2102 宣教師ニコライとその時代 —— 中村健之介
- 2114 いつだって大変な時代 —— 堀井憲一郎
- 2134 いまを生きるための思想キーワード —— 仲正昌樹

宗教

- 27 禅のすすめ —— 佐藤幸治
- 135 日蓮 —— 久保田正文
- 217 道元入門 —— 秋月龍珉
- 330 須弥山と極楽 —— 定方晟
- 606 「般若心経」を読む —— 紀野一義
- 667 生命(いのち)あるすべてのものに —— マザー・テレサ
- 698 神と仏 —— 山折哲雄
- 997 空と無我 —— 定方晟
- 1210 イスラームとは何か —— 小杉泰
- 1222 キリスト教文化の常識 —— 石黒マリーローズ
- 1254 日本仏教の思想 —— 立川武蔵
- 1469 ヒンドゥー教 —— クシティ・モーハン・セーン 中川正生訳
- 1609 一神教の誕生 —— 加藤隆
- 1755 仏教発見！ —— 西山厚
- 1988 入門 哲学としての仏教 —— 竹村牧男
- 2080 笑う禅僧 —— 安永祖堂
- 2100 ふしぎなキリスト教 —— 橋爪大三郎/大澤真幸
- 2146 世界の陰謀論を読み解く —— 辻隆太朗
- 2150 ほんとうの親鸞 —— 島田裕巳

C

政治・社会

- 1038 立志・苦学・出世 — 竹内洋
- 1145 冤罪はこうして作られる — 小田中聰樹
- 1201 情報操作のトリック — 川上和久
- 1338 〈非婚〉のすすめ — 森永卓郎
- 1365 犯罪学入門 — 鮎川潤
- 1488 日本の公安警察 — 青木理
- 1540 戦争を記憶する — 藤原帰一
- 1543 日本の軍事システム — 江畑謙介
- 1742 教育と国家 — 高橋哲哉
- 1903 裁判員制度の正体 — 西野喜一
- 1965 創価学会の研究 — 玉野和志
- 1969 若者のための政治マニュアル — 山口二郎

- 1977 天皇陛下の全仕事 — 山本雅人
- 1978 思考停止社会 — 郷原信郎
- 1985 日米同盟の正体 — 孫崎享
- 2038 ガラパゴス化する日本 — 吉川尚宏
- 2053 〈中東〉の考え方 — 酒井啓子
- 2059 消費税のカラクリ — 斎藤貴男
- 2068 財政危機と社会保障 — 鈴木亘
- 2073 リスクに背を向ける日本人 — 山岸俊男／メアリー・C・ブリントン
- 2079 認知症と長寿社会 — 信濃毎日新聞取材班
- 2093 ウェブ×ソーシャル×アメリカ — 池田純一
- 2094 「認められたい」の正体 — 山竹伸二
- 2110 原発報道とメディア — 武田徹
- 2112 原発社会からの離脱 — 宮台真司／飯田哲也

- 2115 国力とは何か — 中野剛志
- 2117 未曾有と想定外 — 畑村洋太郎
- 2123 中国社会の見えない掟 — 加藤隆則
- 2130 ケインズとハイエク — 松原隆一郎
- 2135 弱者の居場所がない社会 — 阿部彩
- 2136 大震災後の社会学 — 遠藤薫 編著
- 2138 超高齢社会の基礎知識 — 鈴木隆雄
- 2139 日本の国防 — 久江雅彦
- 2140 クラウドの未来 — 小池良次
- 2141 「上から目線」の時代 — 冷泉彰彦
- 2142 生きる希望を忘れた若者たち — 鈴木弘輝
- 2145 電力改革 — 橘川武郎
- 2149 不愉快な現実 — 孫崎享

D

経済・ビジネス

- 1596 失敗を生かす仕事術 ── 畑村洋太郎
- 1624 企業を高めるブランド戦略 ── 田中洋
- 1628 ヨーロッパ型資本主義 ── 福島清彦
- 1641 ゼロからわかる経済の基本 ── 野口旭
- 1656 コーチングの技術 ── 菅原裕子
- 1695 世界を制したる中小企業 ── 黒崎誠
- 1764 年金をとりもどす法 ── 社会保険庁有志
- 1780 はじめての金融工学 ── 真壁昭夫
- 1782 道路の経済学 ── 松下文洋
- 1926 不機嫌な職場 ── 高橋克徳/河合太介/永田稔/渡部幹
- 1992 経済成長という病 ── 平川克美
- 2010 日本銀行は信用できるか ── 岩田規久男
- 2016 職場は感情で変わる ── 高橋克徳
- 2036 決算書はここだけ読め！ ── 前川修満
- 2047 中国経済の正体 ── 門倉貴史
- 2056 フリーライダー ── 河合太介/渡部幹
- 2061 「いい会社」とは何か ── 小野泉/古野庸一
- 2064 決算書はここだけ読め！ キャッシュ・フロー計算書編 ── 前川修満
- 2066 「最強のサービス」の教科書 ── 内藤耕
- 2075 「科学技術大国」中国の真実 ── 伊佐進一
- 2078 電子マネー革命 ── 伊藤亜紀
- 2087 財界の正体 ── 川北隆雄
- 2091 デフレと超円高 ── 岩田規久男
- 2125 ビジネスマンのための「行動観察」入門 ── 松波晴人
- 2128 日本経済の奇妙な常識 ── 吉本佳生
- 2148 経済成長神話の終わり ── アンドリュー・J・サター/中村起子 訳
- 2151 勝つための経営 ── 畑村洋太郎/吉川良三

世界の言語・文化・地理

- 368 地図の歴史〈世界篇〉──織田武雄
- 614 朝鮮語のすすめ──渡辺吉鎔/鈴木孝夫
- 958 英語の歴史──中尾俊夫
- 987 はじめての中国語──相原茂
- 1073 はじめてのドイツ語──福本義憲
- 1111 ヴェネツィア──陣内秀信
- 1183 はじめてのスペイン語──東谷頴人
- 1253 アメリカ南部──ジェームス・M・バーダマン/森本豊富訳
- 1353 はじめてのラテン語──大西英文
- 1386 キリスト教英語の常識──石黒マリーローズ
- 1396 はじめてのイタリア語──郡史郎
- 1402 英語の名句・名言──ピーター・ミルワード/別宮貞徳訳
- 1446 南イタリアへ!──陣内秀信
- 1701 はじめての言語学──黒田龍之助
- 1753 中国語はおもしろい──新井一二三
- 1801 性愛奥義──植島啓司
- 1905 甲骨文字の読み方──落合淳思
- 1949 見えないアメリカ──渡辺将人
- 1959 世界の言語入門──黒田龍之助
- 1991 「幽霊屋敷」の文化史──加藤耕一
- 1994 マンダラの謎を解く──武澤秀一
- 2052 なぜフランスでは子どもが増えるのか──中島さおり
- 2081 はじめてのポルトガル語──浜岡究
- 2086 英語と日本語のあいだ──菅原克也
- 2104 国際共通語としての英語──鳥飼玖美子
- 2107 野生哲学──管啓次郎/小池桂一
- 2108 現代中国「解体」新書──梁過

日本史

369 地図の歴史（日本篇）——織田武雄
1092 三くだり半と縁切寺——高木侃
1258 身分差別社会の真実——斎藤洋一／大石慎三郎
1265 七三一部隊——常石敬一
1292 日光東照宮の謎——高藤晴俊
1322 藤原氏千年——朧谷寿
1379 白村江——遠山美都男
1394 参勤交代——山本博文
1414 謎とき日本近現代史——野島博之
1599 戦争の日本近現代史——加藤陽子
1648 天皇と日本の起源——遠山美都男
1680 鉄道ひとつばなし——原武史

1685 謎とき本能寺の変——藤田達生
1707 参謀本部と陸軍大学校——黒野耐
1797「特攻」と日本人——保阪正康
1885 鉄道ひとつばなし2——原武史
1911 枢密院議長の日記——佐野眞一
1918 日本人はなぜキツネにだまされなくなったのか——内山節
1924 東京裁判——日暮吉延
1971 歴史と外交——東郷和彦
1982 皇軍兵士の日常生活——一ノ瀬俊也
1986 日清戦争——佐谷眞木人
2031 明治維新 1858-1881——坂野潤治／大野健一
2040 中世を道から読む——齋藤慎一
2051 岩崎彌太郎——伊井直行

2060 伊達政宗、最期の日々——小林千草
2069 攘夷の幕末史——町田明広
2072「戦後」を点検する——保阪正康／半藤一利
2077 天智と持統——遠山美都男
2089 占いと中世人——菅原正子
2095 鉄道ひとつばなし3——原武史
2098 戦前昭和の社会——井上寿一
2106 戦国誕生——渡邊大門
2109「神道」の虚像と実像——井上寛司
2131 池田屋事件の研究——中村武生
2144〈つながり〉の精神史——東島誠
2152 鉄道と国家——小牟田哲彦
2154 邪馬台国をとらえなおす——大塚初重

世界史 I

- 834 ユダヤ人 ── 上田和夫
- 934 大英帝国 ── 長島伸一
- 959 東インド会社 ── 浅田實
- 968 ローマはなぜ滅んだか ── 弓削達
- 1017 ハプスブルク家 ── 江村洋
- 1019 動物裁判 ── 池上俊一
- 1076 デパートを発明した夫婦 ── 鹿島茂
- 1080 ユダヤ人とドイツ ── 大澤武男
- 1088 ヨーロッパ「近代」の終焉 ── 山本雅男
- 1097 オスマン帝国 ── 鈴木董
- 1151 ハプスブルク家の女たち ── 江村洋
- 1249 ヒトラーとユダヤ人 ── 大澤武男

- 1252 ロスチャイルド家 ── 横山三四郎
- 1282 戦うハプスブルク家 ── 菊池良生
- 1306 モンゴル帝国の興亡〈上〉── 杉山正明
- 1307 モンゴル帝国の興亡〈下〉── 杉山正明
- 1314 ブルゴーニュ家 ── 堀越孝一
- 1321 聖書vs.世界史 ── 岡崎勝世
- 1366 新書アフリカ史 ── 宮本正興・松田素二 編
- 1389 ローマ五賢帝 ── 南川高志
- 1442 メディチ家 ── 森田義之
- 1486 エリザベスI世 ── 青木道彦
- 1557 イタリア・ルネサンス ── 澤井繁男
- 1572 ユダヤ人とローマ帝国 ── 大澤武男
- 1587 傭兵の二千年史 ── 菊池良生

- 1588 現代アラブの社会思想 ── 池内恵
- 1664 新書ヨーロッパ史 中世篇 ── 堀越孝一 編
- 1673 神聖ローマ帝国 ── 菊池良生
- 1687 世界史とヨーロッパ ── 岡崎勝世
- 1705 魔女とカルトのドイツ史 ── 浜本隆志
- 1712 宗教改革の真実 ── 永田諒一
- 2005 カペー朝 ── 佐藤賢一
- 2070 イギリス近代史講義 ── 川北稔
- 2096 モーツァルトを「造った」男 ── 小宮正安

H

世界史 II

- 930 **フリーメイソン**——吉村正和
- 971 **文化大革命**——矢吹晋
- 1085 **アラブとイスラエル**——高橋和夫
- 1099 **「民族」で読むアメリカ**——野村達朗
- 1231 **キング牧師とマルコムX**——上坂昇
- 1283 **イギリス王室物語**——小林章夫
- 1337 **ジャンヌ・ダルク**——竹下節子
- 1470 **中世シチリア王国**——高山博
- 1480 **海の世界史**——中丸明
- 1592 **地名で読むヨーロッパ**——梅田修
- 1746 **中国の大盗賊・完全版**——高島俊男
- 1761 **中国文明の歴史**——岡田英弘
- 1769 **まんがパレスチナ問題**——山井教雄
- 1937 **ユダヤ人 最後の楽園**——大澤武男
- 1945 **空の戦争史**——田中利幸
- 1966 **〈満洲〉の歴史**——小林英夫
- 2018 **古代中国の虚像と実像**——落合淳思
- 2025 **まんが 現代史**——山井教雄
- 2120 **居酒屋の世界史**——下田淳

自然科学・医学

- 7 物理の世界 —— 湯川秀樹／片山泰久／山田英二
- 15 数学の考え方 —— 矢野健太郎
- 1126 「気」で観る人体 —— 池上正治
- 1138 オスとメス=性の不思議 —— 長谷川真理子
- 1141 安楽死と尊厳死 —— 保阪正康
- 1328 「複雑系」とは何か —— 吉永良正
- 1343 カンブリア紀の怪物たち —— サイモン・コンウェイ=モリス／松井孝典 監訳
- 1349 〈性〉のミステリー —— 伏見憲明
- 1427 ヒトはなぜことばを使えるか —— 山鳥重
- 1500 科学の現在を問う —— 村上陽一郎
- 1511 優生学と人間社会 —— 米本昌平／松原洋子／橳島次郎／市野川容孝
- 1581 先端医療のルール —— 橳島次郎

- 1598 進化論という考えかた —— 佐倉統
- 1689 時間の分子生物学 —— 粂和彦
- 1700 核兵器のしくみ —— 山田克哉
- 1706 新しいリハビリテーション —— 大川弥生
- 1716 脳と音読 —— 川島隆太／安達忠夫
- 1759 文系のための数学教室 —— 小島寛之
- 1786 数学的思考法 —— 芳沢光雄
- 1805 人類進化の700万年 —— 三井誠
- 1840 算数・数学が得意になる本 —— 芳沢光雄
- 1860 ゼロからわかるアインシュタインの発見 —— 山田克哉
- 1861 〈勝負脳〉の鍛え方 —— 林成之
- 1880 満足死 —— 奥野修司
- 1881 「生きている」を見つめる医療 —— 中村桂子／山岸敦

- 1887 物理学者、ゴミと闘う —— 広瀬立成
- 1891 生物と無生物のあいだ —— 福岡伸一
- 1925 数学でつまずくのはなぜか —— 小島寛之
- 1929 脳のなかの身体 —— 宮本省三
- 2000 世界は分けてもわからない —— 福岡伸一
- 2011 カラー版ハッブル望遠鏡 宇宙の謎に挑む —— 野本陽代
- 2023 ロボットとは何か —— 石黒浩
- 2039 ソーシャルブレインズ入門 —— 藤井直敬
- 2097 〈麻薬〉のすべて —— 船山信次
- 2122 量子力学の哲学 —— 森田邦久

J

心理・精神医学

- 331 異常の構造 —— 木村敏
- 539 人間関係の心理学 —— 早坂泰次郎
- 590 家族関係を考える —— 河合隼雄
- 645 〈つきあい〉の心理学 —— 国分康孝
- 677 ユングの心理学 —— 秋山さと子
- 725 リーダーシップの心理学 —— 国分康孝
- 824 森田療法 —— 岩井寛
- 914 ユングの性格分析 —— 秋山さと子
- 981 対人恐怖 —— 内沼幸雄
- 1011 自己変革の心理学 —— 伊藤順康
- 1020 アイデンティティの心理学 —— 鑪幹八郎
- 1044 〈自己発見〉の心理学 —— 国分康孝

- 1177 自閉症からのメッセージ —— 熊谷高幸
- 1241 心のメッセージを聴く —— 池見陽
- 1289 軽症うつ病 —— 笠原嘉
- 1372 〈むなしさ〉の心理学 —— 諸富祥彦
- 1376 子どものトラウマ —— 西澤哲
- 1456 〈じぶん〉を愛するということ —— 香山リカ
- 1625 精神科にできること —— 野村総一郎
- 1740 生きづらい〈私〉たち —— 香山リカ
- 1752 うつ病をなおす —— 野村総一郎
- 1852 老後がこわい —— 香山リカ
- 1922 発達障害の子どもたち —— 杉山登志郎
- 1984 いじめの構造 —— 内藤朝雄
- 2002 選ばれる男たち —— 信田さよ子

- 2008 関係する女 所有する男 —— 斎藤環
- 2030 がんを生きる —— 佐々木常雄
- 2049 異常とは何か —— 小俣和一郎
- 2062 人間関係のレッスン —— 向後善之
- 2076 子ども虐待 —— 西澤哲
- 2085 言葉と脳と心 —— 山鳥重
- 2090 親と子の愛情と戦略 —— 柏木惠子
- 2101 〈不安な時代〉の精神病理 —— 香山リカ
- 2105 はじめての認知療法 —— 大野裕
- 2116 発達障害のいま —— 杉山登志郎
- 2119 動きが心をつくる —— 春木豊
- 2121 心のケア —— 加藤寛／最相葉月
- 2143 アサーション入門 —— 平木典子

K

知的生活のヒント

- 78 大学でいかに学ぶか —— 増田四郎
- 86 愛に生きる —— 鈴木鎮一
- 240 生きることと考えること —— 森有正
- 327 考える技術・書く技術 —— 板坂元
- 436 知的生活の方法 —— 渡部昇一
- 553 創造の方法学 —— 高根正昭
- 587 文章構成法 —— 樺島忠夫
- 648 働くということ —— 黒井千次
- 722 「知」のソフトウェア —— 立花隆
- 1027 「からだ」と「ことば」のレッスン —— 竹内敏晴
- 1468 国語のできる子どもを育てる —— 工藤順一
- 1485 知の編集術 —— 松岡正剛

- 1517 悪の対話術 —— 福田和也
- 1563 悪の恋愛術 —— 福田和也
- 1620 相手に「伝わる」話し方 —— 池上彰
- 1626 国語トレーニング —— 牧野剛
- 1627 インタビュー術！ —— 永江朗
- 1668 脳を活かす！必勝の時間攻略法 —— 吉田たかよし
- 1679 子どもに教えたくなる算数 —— 栗田哲也
- 1684 悪の読書術 —— 福田和也
- 1729 論理思考の鍛え方 —— 小林公夫
- 1865 老いるということ —— 黒井千次
- 1870 調べる技術・書く技術 —— 野村進
- 1940 組織を強くする技術の伝え方 —— 畑村洋太郎
- 1972 ブリッジマンの技術 —— 鎌田浩毅

- 1979 回復力 —— 畑村洋太郎
- 1981 正しく読み、深く考える日本語論理トレーニング —— 中井浩一
- 2003 わかりやすく〈伝える〉技術 —— 池上彰
- 2021 新版 大学生のためのレポート・論文術 —— 小笠原喜康
- 2027 地アタマを鍛える知的勉強法 —— 齋藤孝
- 2046 大学生のための知的勉強術 —— 松野弘
- 2054 〈わかりやすさ〉の勉強法 —— 池上彰
- 2083 誰も教えてくれない人を動かす文章術 —— 齋藤孝
- 2103 アイデアを形にして伝える技術 —— 原尻淳一
- 2124 デザインの教科書 —— 柏木博
- 2147 新・学問のススメ —— 石弘光

趣味・芸術・スポーツ

- 676 酒の話 — 小泉武夫
- 863 はじめてのジャズ — 内藤遊人
- 874 はじめてのクラシック — 黒田恭一
- 1025 J・S・バッハ — 礒山雅
- 1287 写真美術館へようこそ — 飯沢耕太郎
- 1371 天才になる！ — 荒木経惟
- 1381 スポーツ名勝負物語 — 二宮清純
- 1404 踏みはずす美術史 — 森村泰昌
- 1422 演劇入門 — 平田オリザ
- 1454 スポーツとは何か — 玉木正之
- 1490 マイルス・デイヴィス — 中山康樹
- 1499 音楽のヨーロッパ史 — 上尾信也
- 1510 最強のプロ野球論 — 二宮清純
- 1548 新ジャズの名演・名盤 — 後藤雅洋
- 1569 日本一周ローカル線温泉旅 — 嵐山光三郎
- 1630 スポーツを「視る」技術 — 二宮清純
- 1653 これがビートルズだ — 中山康樹
- 1657 最強の競馬論 — 森秀行
- 1723 演技と演出 — 平田オリザ
- 1731 作曲家の発想術 — 青島広志
- 1765 科学する麻雀 — とつげき東北
- 1796 和田の130キロ台はなぜ打ちにくいか — 佐野真
- 1808 ジャズの名盤入門 — 中山康樹
- 1890 「天才」の育て方 — 五嶋節
- 1915 ベートーヴェンの交響曲 — 金聖響／玉木正之
- 1941 プロ野球の一流たち — 二宮清純
- 1963 デジカメに1000万画素はいらない — たくきよしみつ
- 1990 ロマン派の交響曲 — 金聖響／玉木正之
- 1995 線路を楽しむ鉄道学 — 今尾恵介
- 2015 定年からの旅行術 — 加藤仁
- 2037 走る意味 — 金哲彦
- 2045 マイケル・ジャクソン — 西寺郷太
- 2055 世界の野菜を旅する — 玉村豊男
- 2058 浮世絵は語る — 浅野秀剛
- 2111 ストライカーのつくり方 — 藤坂ガルシア千鶴
- 2113 なぜ僕はドキュメンタリーを撮るのか — 想田和弘
- 2118 ゴダールと女たち — 四方田犬彦
- 2132 マーラーの交響曲 — 金聖響／玉木正之

日本語・日本文化

- 105 タテ社会の人間関係 ── 中根千枝
- 293 日本人の意識構造 ── 会田雄次
- 444 出雲神話 ── 松前健
- 1193 漢字の字源 ── 阿辻哲次
- 1200 外国語としての日本語 ── 佐々木瑞枝
- 1239 武士道とエロス ── 氏家幹人
- 1262 「世間」とは何か ── 阿部謹也
- 1384 マンガと「戦争」 ── 夏目房之介
- 1432 江戸の性風俗 ── 氏家幹人
- 1448 日本人のしつけは衰退したか ── 広田照幸
- 1738 大人のための文章教室 ── 清水義範
- 1889 なぜ日本人は劣化したか ── 香山リカ
- 1943 なぜ日本人は学ばなくなったのか ── 齋藤孝
- 2006 「空気」と「世間」 ── 鴻上尚史
- 2007 落語論 ── 堀井憲一郎
- 2013 日本語という外国語 ── 荒川洋平
- 2033 新編 日本語誤用・慣用小辞典 ── 国広哲弥 編
- 2034 性的なことば ── 井上章一・斎藤光・澁谷知美・三橋順子 編
- 2067 日本料理の贅沢 ── 神田裕行
- 2088 温泉をよむ ── 日本温泉文化研究会
- 2092 新書 沖縄読本 ── 下川裕治・仲村清司 著・編
- 2126 日本を滅ぼす〈世間の良識〉 ── 森巣博
- 2127 ラーメンと愛国 ── 速水健朗
- 2133 つながる読書術 ── 日垣隆
- 2137 マンガの遺伝子 ── 斎藤宣彦

『本』年間予約購読のご案内

小社発行の読書人向けPR誌『本』の直接定期購読をお受けしています。

お申し込み方法

小社の業務委託先〈ブックサービス株式会社〉がお申し込みを受け付けます。

①電話　　フリーダイヤル　0120-29-9625
年末年始を除き年中無休　受付時間9:00～18:00
②インターネット　講談社BOOK倶楽部　http://www.bookclub.kodansha.co.jp/teiki/

年間購読料のお支払い方法

年間(12冊)購読料は900円(配送料込み・前払い)です。お支払い方法は①～③の中からお選びください。

①払込票(記入された金額をコンビニもしくは郵便局でお支払いください)
②クレジットカード　③コンビニ決済